气候与环境
Climate and Environment

中国儿童
The Vivid Encyclopedia for Chinese Children
生动百科全书

陶 玲 —◆— 编著
张文婷 —◆— 绘

北京理工大学出版社
BEIJING INSTITUTE OF TECHNOLOGY PRESS

版权专有　侵权必究

图书在版编目（CIP）数据

中国儿童生动百科全书 . 气候与环境 / 陶玲编著；张文婷绘 . -- 北京：北京理工大学出版社，2025.3.
ISBN 978-7-5763-4747-0

Ⅰ . Z228.1；P476-49

中国国家版本馆 CIP 数据核字第 202523P6P1 号

责任编辑：徐艳君　　**文案编辑**：徐艳君
责任校对：刘亚男　　**责任印制**：施胜娟

出版发行 / 北京理工大学出版社有限责任公司
社　　址 / 北京市丰台区四合庄路 6 号
邮　　编 / 100070
电　　话 /（010）68944451（大众售后服务热线）
　　　　　（010）68912824（大众售后服务热线）
网　　址 / http://www.bitpress.com.cn

版 印 次 / 2025 年 3 月第 1 版第 1 次印刷
印　　刷 / 武汉林瑞升包装科技有限公司
开　　本 / 810 mm×720 mm　1/16
印　　张 / 13.5
字　　数 / 219 千字
定　　价 / 79.00 元

图书出现印装质量问题，请拨打售后服务热线，负责调换

前 言

地球是人类唯一的家园，经过几十亿年的发展才有了它现在的样子。它像母亲一般为居住在这里的生命提供所需的一切。也正是因为有了生命，才使得它在太阳系大家族中与众不同。地球能孕育出生命，少不了适合生命生存繁衍的气候与环境，它们相互作用，才有了现在充满生命力的地球。

地球的气候、环境与地球外部的大气圈、水圈、岩石圈、生物圈四大圈层密不可分，而各个圈层之间的关系非常复杂，几乎每一个圈层对其他圈层都有着直接或间接的影响。它们之间相互联系、相互制约，形成了地球现在的自然环境和气候。

气候不光与自然环境相互作用、互相影响，也受到社会环境的影响。随着工业化的发展，人类过度利用自然资源、随意排放污染物等行为使得空气中的二氧化碳含量激增、有害气体成分增加，造成全球气候变暖。这不仅会破坏生态系统，还会导致干旱、洪水等极端天气的发生，严重的还会使冰川消融，从而导致海平面上升，给沿海国家造成危害。

因此，为了建设生态文明，保护地球环境，使地球更好地发展，一个叫"文明守护者"的神秘团队出现了。团队由林非博士和4位少年组成，4位少年中的文文比较擅长研究人类文明，洋洋较为擅长研究一切与水有关的事物，陆陆擅长研究地质及陆生动植物等，天天则擅长研究宇宙、天空、大气中的自然现象。他们致力于为地球居民搜集各个领域的资料信息，进而研究和守护人类文明。

此次的探索之旅,他们将从地球外部的四大圈层开始,逐一向大家介绍大气圈、水圈、岩石圈及生物圈的环境及作用,并带领大家去了解世界各地的气候类型及其作用下的生态系统,以帮助大家更好地认识地球这个神奇的大家园。

　　探索中,大家不仅会了解飞机为什么要在平流层上飞行,还会知道地球系统的运行机制,各个圈层环境之间的作用、联系。旅途中,知识多多,引人思考。文明守护者在探索过程中会遇到哪些趣事呢?现在就跟随他们开启旅程吧!

人物介绍

文明守护者——一个由林非博士带领的团队，致力于为地球居民搜集他们想要了解的各种资料，进而研究和守护人类文明。

林非博士

博物学家，对各个领域均有涉猎，是文明守护者团队的组织者及领队。

陆陆

阳光开朗的男生，思维活跃，方法多，擅长研究地质及陆生动植物等。

文文

爱思考的女生，面对问题沉着冷静，擅长研究艺术、人文、历史等人类文明。

天天

沉稳内敛的男生，热衷学习，擅长研究宇宙、天空、大气中的自然现象。

洋洋

古灵精怪的女生，勇于尝试新鲜事物，擅长研究海洋、河流等一切与水有关的事物。

炎黄

仿真机器人，外表是男性，负责协助团队处理工作的相关事宜。

目录 CONTENTS

 地球的保护罩
地球的硬核装备——大气圈　002
地球的层层保护伞　006
天气与气候，一定要分清　016
空中有朵雨做的云　028
大气圈思维导图　038

 地球的生命之源——水圈
千变万化的水　042
大地跳动的脉搏　044
藏在地下的水　054
水圈思维导图　060

 地球的骨架
脚下的大地　064
人类的生活之本　066
岩石圈的钻探之旅　072
土壤与岩石圈思维导图　082

 地球上最大的动植物乐园
顶天立地的生物圈　086
生物圈中的成员们　088
多姿多彩的生态系统　094
生物圈思维导图　108

🌏 受太阳青睐的热带气候

无季节之分的热带气候　112

热带雨林气候创造的绿色迷宫　114

狂野的热带草原　120

热带季风气候的探索之旅　126

热烈如火的生命禁区　130

热带气候思维导图　138

🌏 热不过热带、冷不过温带的气候类型

冬暖夏凉的宜居天堂　142

亚热带季风家庭里的两兄弟　144

特立独行的地中海气候　148

亚热带气候思维导图　154

🌏 四季分明的温带气候

复杂多样的温带气候　158

被湿气笼罩的城市　160

温带季风气候的双重奏　166

深居内陆，远隔山海　170

温带气候思维导图　176

🌏 人烟稀少的高寒地带

高处不胜寒的气候类型　180

欢迎来到冰雪世界　182

离天空最近的地方　190

寒带气候与高原山地气候思维导图　198

Climate and Environment

地球的保护罩

地球的硬核装备——大气圈

"全息投影已完成。"

随着超级电脑的播报，一个地球系统的微小版全息投影建立完毕。天天一边观察一边做着记录。

"这也太壮观了吧？就像是站在大气圈之外看地球呢！"陆陆一进门就惊呼起来。

"你要是离开大气圈就会飘逸到外太空，到时候我可不去把你找回来。"天天开玩笑地说。

"从这个全息投影看，地球好美，大气圈就像是地球的保护罩！"文文看得入迷，自言自语地说。

"是啊，可是美丽的地球现在发烧了，正在遭受煎熬，它的保护罩也在遭受破坏。"天天担忧地说，"大气圈又叫大气层，是地球外部的气体圈层，主要由氮气、氧气，还有一些二氧化碳、稀有气体和水蒸气构成。这些混合气体因自身的重力和地球的吸引力而围绕着地球，为地面的生物提供保护，是地球生命所必需的圈层。但是，在人类的生产生活中，大量的碳和氯氟烃（tīng）类化学物质的排放，使得大气圈遭到破坏……"

天天的声音越来越低沉，文文赶紧打岔道："我看这个全息投影中，大气圈分为

好几个层次!"

天天调整了一下自己的情绪,指着全息投影说:"你说得对,根据大气的物理性质,可以将大气圈垂直分为5层,由内而外分别是对流层、平流层、中间层、热层和散逸层。大气圈对地球十分重要,它不仅能阻挡来自宇宙的陨石和过多的紫外线进入地球,还能为地球上的生命提供氧气,维持地球温度的稳定和水循环。可以说,地球上之所以有生命,取决于现在的大气圈。"

"谁在说水循环啊?"闻声望去,原来是洋洋走了进来,"说到水循环我略知一二。"

"哎呀,天天说的是大气圈对地球水循环的维持。"陆陆插嘴道。

"地球上各种形态的水会因为阳光的蒸发而变成气态水,这些气态水浸透着大气圈,并以雨、雪、雾、冰雹的形式回归到地球上,确保地球水圈的循环。"天天解释道。

"原来是大气圈在控制着地球的天气情况啊!"文文再次发出感叹。

"大气圈是主要因素,其次还有地区纬度的高低、海陆的分布以及地形等,这些都会对气候和天气产生作用。"天天继续说,"一个地区长期的大气平均状况,就是这个

地区的气候。气候和天气不同，是比较稳定的，它包括降水、光照、温度等要素。每个地区的气候特征不同，根据这些特征，全球主要分为热带雨林气候、热带沙漠气候、热带草原气候、热带季风气候、亚热带季风气候、地中海气候、温带海洋性气候、温带季风气候、温带大陆性气候、极地气候和高原山地气候等气候类型。"

还没等天天说完，洋洋就急切地说："一个地区，大气短时间内的状况就是这个地区的天气，包括风、云、雷电以及天天刚才说的雨、雪、雾等天气现象，因此天气具有不稳定性。"

"怪不得只有天气预报没有气候预报呢！原来是这个原因。"文文恍然大悟。

"洋洋说得对，总结起来就是，天气是气候的基础，气候是一个地区长期天气的综合表现。"天天紧接着又说，"全球变暖，地球的气候与环境问题逐渐加剧，人类将会面临更多挑战。"

地球的层层保护伞

"天天,你之前说大气圈分为5层,那它们都有什么作用啊?"文文好奇地追问道。

"这个呀!待会儿你就知道了。"天天故作神秘地说。

"全体成员请到控制室来,有任务安排。"基地广播里传出了林非博士的声音。大家闻声,统一向控制室走去,边走边猜测这次的任务内容。

"昨天世界气象组织向研究基地发来消息,称地球能量失衡持续加剧,再不采取行动后果将难以想象。因此咱们此次的任务是收集地球大气圈的监测数据。"林非博士眼神坚定地看向天天,"昨晚,我和天天已经说了此次任务,并让他带队。"

"怪不得刚才问你关于大气圈分层的问题你不说,原来你早就知道今天会有关于

我发烧了!

导致全球变暖的最大元凶是二氧化碳(CO_2),占比约60%。

散逸层

热/暖层

中间层

平流层

对流层

▲ 大气圈
地球的大气圈就是生命的防护罩，没有它，地球上的生命就不会存在。

大气圈的任务啊！"文文扯了一下天天的衣服，小声地埋怨道。

接到任务，文明守护者团队即刻乘着飞鹰号飞行器出发。

机舱里，天天在超级电脑上轻点了一下，微小版的地球系统全息投影立刻出现在大家面前。投影中的地球上空呈现出一层层的不同颜色。

"看，这就是我们刚说的大气圈，它们由于地心引力的作用环绕在地球周围，并随着地球的运动而运动。其实大气圈是看不见摸不着的，为了让你们更容易理解，我就把它设置了不同的颜色。"天天指着投影说。

陆陆看着包裹在地球外面的彩色大气圈，笑道："现在的地球好像一颗彩色棉花糖啊！"

天天轻轻地拍了一下陆陆的肩膀，打趣道："你呀，就知道吃，准确地说大气圈更像是地球的保护外壳，它可是为保护地球设置了重重机关呢！"

电闪雷鸣的对流层

"现在我们正向大气圈的最低层飞去，"天天指着投影中最接近地球表面的绿色层说，"这一层是最靠近地面且最薄的大气圈层，叫对流层。它因为距地球表面近，地表的温度反射使对流层下热上冷。热空气上升，冷空气下降，导致它'头重脚轻'很不稳定，气流容易上下翻滚流动，所以也有人把对流层叫'翻覆层'。它离地球表面10～12千米，这个距离如果我们走路的话需要3小时左右。"

天天的话音刚落，突然一道闪电从飞鹰号面前划过，飞鹰号左躲右闪，幸好没有被闪电击中。

"这是怎么回事，好端端的天气怎么突然出现了闪电？"陆陆惊慌失措地喊道，大家赶紧抓住身边的扶手稳住身体。

"看来我们进入大气圈中的对流层了。"在驾驶舱的林非博士提醒大家。

待飞鹰号平稳后，天天将飞鹰号检测到的大气成分数据上传到超级电脑中，随后开始解答陆陆的疑问。

"刚刚的闪电现象在对流层中很常见，**对流层中的热气流膨胀上升与冷气流发生碰撞，形成了雷，而摩擦就会释放电流，即刚才的闪电。**"

"是这样没错。"洋洋补充道，"对流层集中了75%的大气质量及几乎全部水汽，大气的对流运动会产生各种天气现象，除

第X件宝物的自白

我曾是海洋母亲怀中的一朵浪花，骄阳的热情将我蒸发。我随风直上与尘埃碰撞，变成冰晶留在了云层里。由于我不停地喝空气中的水分，云层也托不住我肥胖的身体，我掉落下来成了一滴雨。

了雷电,还有风、雨、雪、云、雾等都出现在这一层。"

"你们看,飞鹰号的前方灰蒙蒙的一片是雾霾吗?"文文担心地说道。

天天点点头:"确切地说是霾,'雾'和'霾'是对流层中两种不同的天气现象,但形成的关键均在于空气中稳定悬浮的颗粒物。这些我之后再给你详细介绍。"

文文了然地点点头。

▼ 大气对流

大气对流运动是由于地球表面受热不均引起的,空气受热膨胀上升,受冷则下沉,进而产生了强烈而比较有规则的升降运动。温度越高,大气对流运动越明显,所以夏季容易出现冰雹这种天气现象。

对流层
对流层离地球表面10～12千米。

稳定的平流层

穿过重重云层，飞鹰号继续向上飞行。过了一会儿，陆陆问天天："我们现在的高度是在平流层吧？"

"没想到你对平流层还有研究呢？"天天惊讶道。

"我喜欢飞机模型，这是我在研究飞机飞行知识的时候了解到的。"陆陆继续说，"从对流层顶向上50～55千米的范围就是平流层。平流层中的温度受太阳辐射的影响较大，它主要靠吸收太阳的能量来升温，所以越接近太阳的方向温度会越高，也因此这一层是下面的温度低、上面的温度高，与对流层的温度变化正好相反。温度变化正常的平流层中气流的上下对流运动不明显，以水平运动为主，气流较为稳定，所以民用客机都在这一圈层中飞行。"

"可以嘛！解释得完全正确。"天天向陆陆竖起了大拇指，表示赞同，"我再补充一下，"天天继续说，"因为这一层的气流稳定，悬浮颗粒极少，能见度也高，而且它距离地

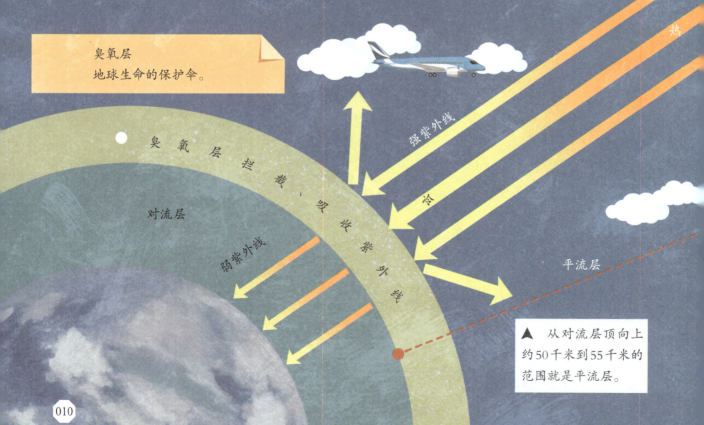

臭氧层
地球生命的保护伞。

▲ 从对流层顶向上约50千米到55千米的范围就是平流层。

小贴士

地球能量失衡是指太阳辐射进入地球系统的能量大于离开地球大气层的能量,也就是说地球积累了太多热量,但散不出去。

面远,因此不会对地面造成噪声污染,最重要的是鸟类的飞行高度到不了平流层,所以飞机在这一层飞行比较安全。"

文文忍不住问道:"平流层离我们这么远,应该对人类生活的影响比较小吧?"

天天摇摇头,说:"大气圈的每一层都和我们息息相关,这一层里还有一个非常重要的东西——臭氧层。"

"臭氧层我知道,"文文赶紧说,"臭氧层能吸收过多的紫外线,保护地球上的生物免受紫外线的伤害。"

"是的。"天天将大家带到地球系统的投影前,指着对流层和平流层的交界处说,"看,臭氧层就在这里,它不仅能吸收过多的紫外线,还可以将紫外线转换成热能加热大气,对地球起到保温的作用。"

梦幻的中间层

不知不觉中已到黄昏，飞鹰号继续向上飞行，突然，大家眼前出现了一幅奇异的画面，云层的周围闪着银白色的光晕。

"是夜光云，好美啊！"文文惊呼道。

"看来我们到达大气圈的中间层了，"天天扶了扶镜框，关注点从窗外的夜光云移到地球系统的投影上，"从平流层顶到差不多85千米高度的范围内就是中间层，这一层内臭氧稀少，大气吸收的辐射能量很少，气温随高度上升而迅速降低，下部气温在0℃左右，而上部气温低至-100℃以下。中间层不光有'夜光云'这一特有的现象，还有一种大家都喜欢的现象也发生在这一层中。"

"是什么是什么？"洋洋和文文着急地想知道。

"流星哦！"

天天的话引来女孩们的一片欢呼。

▼ 流星

流星是行星际尘埃或者流星体颗粒高速进入地球大气圈，与大气圈摩擦燃烧所产生的光迹现象。

▼ 夜光云

夜光云是地球大气圈中最高的云，它们只有在温度非常低的情况下才能形成冰晶，从而组成大范围可见的夜光云。科学家称夜光云为"地球上最高、最干燥、最冷、最稀有的云"。每年夏季，居住在高纬度地区的居民能欣赏到夜光云的美景。

出现极光现象的热层

天天继续调整地球系统投影,并指着中间层上面深蓝色的一层大气说:"伙伴们,淡定点儿,这一层会让你们有更多惊喜。"

刚才查了些资料的洋洋忍不住指着深蓝色的那一层道:"中间层之上的那层叫热层,这里的温度一般在1000℃以上,这一层对我们人类的影响是非常大的,因为这里的大气分子受太阳短波辐射影响发生电离,所以这层又称电离层。电离会产生电流和磁场,并可以反射无线电波。"

"哇,"陆陆惊呼起来,"无线电波与人类活动密切相关,比如广播、导航、通信,还有雷达定位,都要靠它呢!"

天天接着说:"热层是低轨道卫星和空间站的家园。而且由于磁场的作用,极光也是在这一层产生的,只不过我们现在所处的位置和季节不对,所以看不到,以后我们可以去两极地区看!"

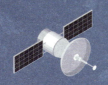
热层

中间层
从平流层顶到大约85千米高度的范围内就是中间层。

平流层

▲ 极光

极光常常出现于纬度靠近地磁极地区的上空,一般呈带状、弧状、幕状、放射状,这些形状有时稳定,有时则连续变化。

空气稀薄的散逸层

陆陆皱起眉头说:"这里的温度高达1000℃,航天器材在这里不会被熔化吗?"

"放心吧!"天天说,"虽然温度高,但是这里空气稀薄,没有了空气阻力,空气分子中的热量也自然不会作用到航天器材上。况且现在航天器的材料都是高科技材料,温度再高也不会受到影响。你看,我们的飞鹰号不就好好的吗?"

"我确实是多虑了。"陆陆尴尬地笑了笑。

"如果再往上飞我们就能到达太空了吗?"文文问天天。

"我们只要再穿过大气圈的最后一层,就能到达太空。看,就是这个散逸层。"天天指着投影上最后一圈浅灰蓝的圈层说,"散逸层在距离地面800千米以上的高空上,是大气圈逐步过渡到星际空间的大气圈层。因为这一层远离地球,受到的地球引力很小,加上空气特别稀薄,温度特别高,所以有些空气中的分子经常摆脱地球的束缚,逃逸到太空中。"

"我们会不会也脱离地球的引力,流浪于太空?"文文既兴奋又害怕。

"不会的,我们有飞鹰号。"陆陆自信地说,"其实我还真想遨游太空,也许还能碰上外星生物呢!"

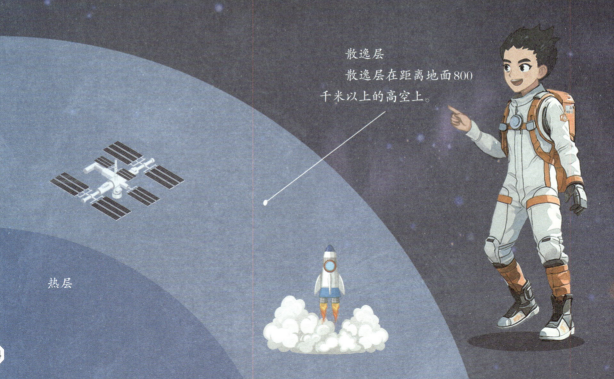

散逸层
散逸层在距离地面800千米以上的高空上。

热层

"天还没黑,你就开始做梦了!"洋洋对陆陆说,"如果要有外星生物,早就被发现了,还轮得到你去偶遇?况且宇宙之大,难以想象,若真流浪于此,恐怕凶多吉少。"

陆陆顿时汗毛直立,紧张地说:"我们还是赶快回家吧!"

"咱们今天的探索任务圆满完成!现在我们就返回地球,回家!"天天语气轻松地对大家说。

在回程的时候,大家从太空望向蓝色的美丽家园——地球,都不由得安静下来,静静地看着家园离自己越来越近,心里也越来越安定。

一回到基地,天天就将此次探索中收集到的资料整理出来,并做成了报告。

当超级电脑发出的通知"报告已发送"后,天天才安心地回到自己的休息室。

 报告

大气圈:大气圈又叫大气层,是因重力作用而围绕着地球的一层混合气体,是地球最外部的气体圈层,可分为5层,各层之间没有具体的边界,大气圈也没有具体的上界。

对流层:最薄且离地面最近的大气圈,雨、雪、暴雨等天气现象都出现在此层。

平流层:底部的臭氧层保护地球生物不受伤害,天气现象少,适合高空飞行。

中间层:底层和顶层温差大,流星和罕见的夜光云都出现在这一层。

热层:又称电离层,可以反射无线电波,极光现象出现在这一层。

散逸层:地球大气与宇宙间的过渡层,也是人造卫星、火箭等航天器的运行空间。

 地球居民的回复简讯

保护好大气圈,让我们继续在地球家园中幸福地生活。

天气与气候，一定要分清

基地大厅里，陆陆一边喝水一边抱怨："今年夏天太热啦！"

天天说道："从立夏开始确实一天比一天热，很多国家和地区的最高气温都超过了40℃，阿拉伯半岛的某些地区甚至达到了70℃的高温呢！"

"太可怕了，我在37℃的户外走上十几分钟都有可能中暑，要是让我在40℃以上的高温环境下活动，岂不是分分钟热晕过去！"陆陆放下水杯，担忧地说，"如果这个夏季持续高温，会不会改变气候啊！"

影响气候的因素

"你是热晕了吧！"天天笑着说，"一个地区的天气和气候好比一个人的情绪和性格，一天中人的情绪有可能反复变化，但是性格不会随意改变。一个地区的气候通常需要几十年的时间才能形成，而且影响气候的因素那么多，只是短期内的气温升高对气候

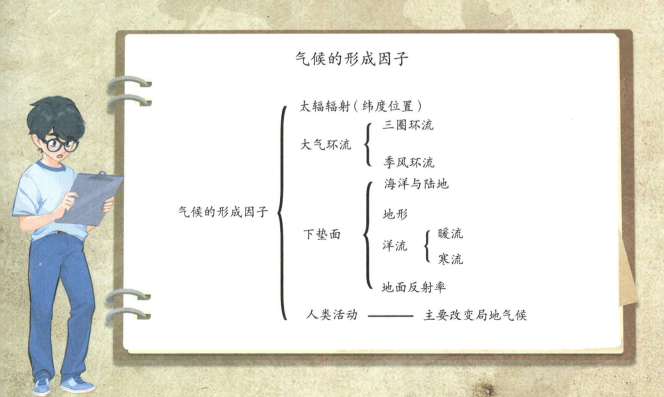

气候的形成因子

气候的形成因子
- 太辐辐射（纬度位置）
- 大气环流
  - 三圈环流
  - 季风环流
- 下垫面
  - 海洋与陆地
  - 地形
  - 洋流
    - 暖流
    - 寒流
  - 地面反射率
- 人类活动 —— 主要改变局地气候

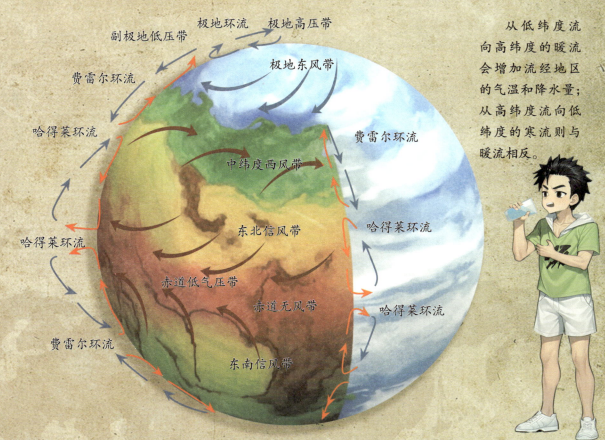

从低纬度流向高纬度的暖流会增加流经地区的气温和降水量；从高纬度流向低纬度的寒流则与暖流相反。

影响并不大。"

"嘿嘿，我是逗你玩儿的，这点儿常识我还是有的。"陆陆突然一本正经地说，"影响气候的因素实在是太多了，**纬度和地形影响气温，洋流和海陆位置影响降水量，就连地面植被状况和人类活动等因素也对气候有影响。**"

山地迎风坡降水丰沛，而背风坡形成雨影区，降水稀少。

构成气候和天气的基本要素

"虽然影响气候的因素多,但是构成它的基本要素就两个——气温和降水。"洋洋迫不及待地说。

"你们都在讨论什么呢?"文文一进大厅就直奔饮水区,"今天的温度太高了,我和林非博士在野外安装气象百叶箱,就一会儿的时间,我感觉皮肤都要被太阳烤焦了。"说完,文文便大口地喝起水来。

"我们正在说构成气候的两个基本要素,气温和降水呢。"洋洋边回答,边赶紧把手中的太阳能小电扇递给文文。

文文接过太阳能小电扇边吹边说:"气温和降水也是构成天气的两个要素,不过除了这两个要素,构成天气的要素还有气压、湿度、风、云等吧?"

洋洋说:"关于气候方面的知识,天天比我专业,还是让他给我们说说吧。"

▶ 气象百叶箱

气象百叶箱里放置了温度表、湿度表等气象测量仪器。白色的气象百叶箱可以防止太阳对仪器的直接辐射和地面对仪器的反射辐射,保护仪器免受强风、雨、雪等的影响,并使仪器感应部分有适当的通风,能真实地感应外界空气温度和湿度的变化。

气温

"大家应该都知道,气温就是空气的温度,一般用摄氏度(℃)表示,有的用华氏度(℉)来表示,数值都是取小数点后一位。以摄氏度为例,以0℃为分界,正值表示零度以上,负值表示零度以下。"天天继续说,"一天中气温最高的时间是下午2时左右,而最低气温则出现在早上日出前后。"

陆陆笑嘻嘻地说:"看来黎明前不光是一天中最黑暗的时刻,还是最冷的时刻啊!"

"确实是这样。"洋洋抱怨道,"夏天的清晨温度还好一些,一到中午都能感受到热浪。唉,好想念春季和秋季啊,既不冷又不热,最舒服了。"

华氏度 = 32 + 摄氏度 × 1.8

摄氏度　华氏度

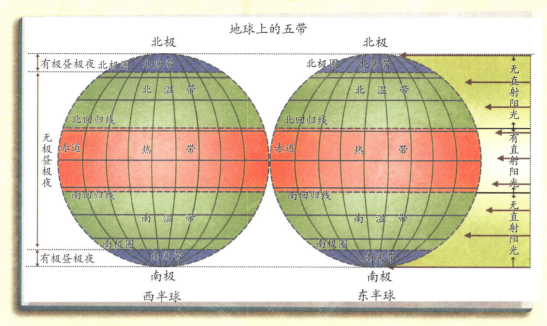

纬度影响太阳高度、昼长、太阳辐射量以及气温日较差、年较差（低纬度地区气温日较差、年较差小于高纬度地区）。

"你就知足吧！"文文把太阳能小电扇还给洋洋，"你看看赤道附近的热带地区，一年四季酷热难耐；寒带地区常年温度都在10℃以下；我们温带地区四季分明，可算是最舒服的了。"

"没错，"天天也附和说，"**根据太阳高度和昼夜长短随纬度的变化，将地球表面有共同特点的地区按纬度划分为5个温度带，即热带、南温带、北温带、南寒带、北寒带。** 在这五带中，我认为只有温带最适宜人类生存。"

"除了我们刚才说的这些自然因素可以影响气温，人文因素对气温的影响也不能忽视。"陆陆补充道。

"确实如此，随着城市的发展，居民生活会产生许多温室气体，使得地球吸收更多的太阳辐射，造成温室效应。而且建筑物、道路增多，绿地、水体等自然因素相应减少，放热的多了，吸热的少了，地面缓解热岛效应的能力就被削弱了。"文文庆幸地说，"好在节能减排、加强城市绿化政策深入人心。"

太阳辐射

30%的太阳辐射被大气层反射

20%的太阳辐射通过温室气体作用被大气层吸收

大气层

5%的地面和大气辐射逸出大气层

95%的地面和大气辐射存留于大气中，被"困住"的这部分能量导致温度上升

50%的太阳辐射被地面吸收

地面温度升高放射出的红外线

▲ 温室效应

大气具有允许太阳短波辐射透入大气低层，并阻止地面和低层大气长波辐射逸出大气层的作用。这种作用使大气温度保持较高的水平，而工业化则使此作用增强。

▲ 热岛效应

热岛效应是指一个地区的气温高于周围地区的现象。城市热岛效应是由于人为因素改变了城市地表的局部温度、湿度、空气对流等因素，进而引起的城市小气候变化的现象。

降水

"我来说说降水吧。"洋洋自荐道,"降水不仅仅指下雨,它是地面从大气中获得的所有水汽凝结物的统称。自然界中发生的雨、雪、露、霜、霰(xiàn)、雹等现象都属于降水的范畴。它是水循环过程的最基本环节,是地表径流的本源,也是地下水的主要补给来源。"

洋洋话音刚落,天天就接着说:"咱们的天气预报除了会显示当天的温度和降水,还会显示当天的湿度、气压、风力等。其中湿度与温度和气压的关系密切,所以**湿度的含义就是在一定温度下一定体积的大气中的水汽(水蒸气)含量。也就是空气的干湿程度。**"

"是不是湿度越高,降水的可能性越大?"文文猜测说。

"可以这么说。"天天回答,"当空气中的水蒸气含量达到饱和时,就会发生凝结,形成云和降水。比如在冬季,当空气中湿度大时,水汽含量也会变大,就会形成降雪;并且湿度越大,雪花就会越大。所以我们常常说的鹅毛大雪就是空气湿度非常大造成的。"

文文发出感叹:"我一直以为雪花大只是因为太冷了呢!"

"研究证明,温度越低,单位体积的空气里含有的水蒸气越少,则形成的雪花晶体越小。而且鹅毛般的大雪花是由多个小雪花附着合并在一起才形成的。"天天解释道。

降水

小贴士

水汽即大气中的水蒸气,也叫蒸汽。其与"水蒸汽"概念不同。水汽(水蒸气)是水的气态形式,而水蒸汽是水的气、液二态同时存在。

蒸发

气压

"天天,气压又是怎么影响天气的呢?"好学的文文继续追问。

"大家应该都知道1654年马德堡市长开展的半球实验,这场实验证明了大气压的存在。后来,人们通过研究发现,大气压又分高气压和低气压。**气压的高低对天气和气候影响很大。高气压天气的特征是晴朗、干燥;低气压天气则变化多端,比如大风、暴雨等。**"

"这个我知道,以前物理老师和地理老师都提到过这个实验。"陆陆继续道,"**标准气压是101325帕斯卡(气压的单位,简称Pa),大于这个数值的就属于高气压,低于它的就属于低气压。**不过我们通常所说的气压高低不是与标准气压相比,而是与周围气压比较。比如某个地区的气压高于周围的气压,那我们就说这个地区是高气压地区,反之如果它低于周围的气压,我们就说它是低气压地区。"

"这些我们都了解了,刚刚天天说影响

▼ 马德堡半球实验

1654年,马德堡市长奥托·冯·格里克将两个黄铜的半球合在一起,然后把半球内的空气抽掉,使球内形成真空。球外面的空气就紧紧压住这两个半球,最后,16匹马分成两组,才把半球分开。由此证明了大气压的存在。这个实验也被称为马德堡半球实验。

气压的形成 ▶

在低气压地区，气流由四周流向中心，使中心空气密度加大，引起空气不断抬升，中心区附近常常形成阴雨天气。而在高气压区内，中心气流则向四面扩散，高空气流下来补充，形成下沉气流，水汽不易凝结，所以多晴天。

低气压地区　　高气压地区

"天气和气候的因素还有风，具体说说嘛！"洋洋催促道。

"风的形成我也知道，我来说。"陆陆得意地笑着说，"同一水平面上的高低气压之间产生的气压差异，使得大气从高气压流向低气压，也就形成了风。气压差异越大，空气流动越快，风速就越快。想一想水流是不是也这样？"

"哇，陆陆，你懂得好多啊！"文文夸赞道。

陆陆不好意思地挠挠头说："嘿嘿，我是对上次天天说的大气圈特别感兴趣，回去又恶补了这方面的知识。"

风的影响

"陆陆说得不错,风的形成其实和气压有很大的关系。"天天拿出一张中国地图比画起来,"要说风对天气和气候的影响,最大的应该就是水汽的输送,风可以将水汽从高气压区输送到低气压区,从而形成不同的气候。比如我国明显就是季风气候——夏季多南风,冬季多北风。夏季,陆地温度高,气压低,位于我国东南部的海洋高气压流向陆地低气压,所以夏季多刮温暖潮湿的东南风。冬季则恰恰相反,海洋温度高于陆地,因此海洋是低气压区,陆地则相对成为高气压区,所以多刮从高纬度地区吹过来的干冷西北风。"

"大自然真是太神奇了!我感觉自己的知识又增加了呢。"文文笑着说道,其他小伙伴也纷纷点头。

"构成和影响天气和气候的因素有很多,大部分是自然因素,大自然自身就能调节;但是人为因素对天气和气候的损害是不容易修复的。"天天伤感地说道,"工业的发

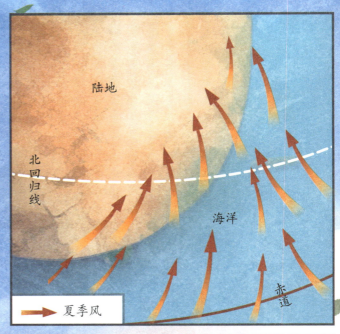

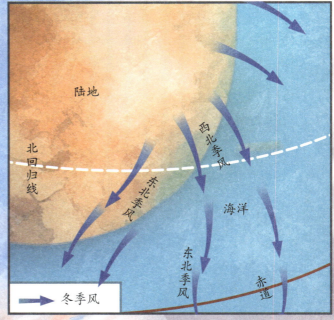

第X件宝物的自白

我是会唱歌的微笑天使白鲸,温室效应使得全球气候变暖,北极冰层消融。因此,生活在北极冰层下的藻类及甲壳类动物减少,而这些发生在食物链低端的变化,直接影响着我们的生存。

展、温室气体的排放导致全球变暖和气候变化。气温变暖正在改变天气模式，破坏自然的正常平衡，这给人类和地球上所有其他形式的生命带来了许多风险。极端干旱、缺水、重大火灾、海平面上升、洪水、极地冰层融化、灾难性风暴以及生物多样性减少等破坏性后果接踵而来。"

"不要着急，"文文看着天天认真地说："人们现在已经意识到问题了，也正在积极改正和修复，相信后面会越来越好的。"

几人的谈话不知不觉中被林非博士创造出的仿真机器人炎黄收录到超级电脑里，并生成分析报告发送给了地球居民。

报告

温度：一天中气温最高的时间是下午2时左右，而最低气温则出现在早上日出前后。

湿度：湿度与我们生活中常见的雨、雪、雾等天气现象有很大的关系。

气压：高气压天气的特征是晴朗、干燥；低气压天气则变化多端，比如大风、暴雨。

风：风可以将水汽从高气压区输送到低气压区，从而形成不同的气候。

地球居民的回复简讯

我们一定保护好地球环境，不让气候恶化。

空中有朵雨做的云

一大早,少年们就被林非博士叫去修理基地的信号发射器。

"看来是昨晚的风把树枝刮断了,砸到了信号发射器上。"天天看着信号发射器说。

陆陆一边拧螺丝一边说:"昨晚刮这么大的风,我怎么一点儿都不知道?"

"昨晚不只是刮风,还打雷了呢。"文文说,"但是,今天又艳阳高照了,大自然真是让人捉摸不透。"

自然现象及其分类

"其实像冷、热、干、湿、风、云、雪、霜、雾、雷、电、光等现象都是大气在不断发展过程中产生的自然现象,统称气象。"天天说道。

"自从上次研究过天气和气候的构成要素后,我现在对大气的知识可感兴趣了。"陆陆赶紧催促道,"天天,你继续说。"

序号	类别	名称	
1	降水现象（11种）	液态降水	雨、阵雨、毛毛雨
		固态降水	雪、阵雪、霰、米雪、冰粒、冰雹
		混合型降水	雨夹雪、阵性雨夹雪
2	地面凝结现象（4种）	露、霜、雾凇、雨凇	
3	视程障碍现象（9种）	雾、轻雾、吹雪、雪暴、烟幕、霾、沙尘暴、扬沙、浮尘	
4	雷电现象（3种）	雷暴、闪电、极光	
5	其他现象（7种）	大风、飑（biāo）、龙卷、尘卷风、冰针、积雪、结冰	

"好好好，"天天放下手中的工具说，"冷、热、干、湿这些咱们之前都有所了解，我再和大家说说天气中可以观测到的物理现象，也就是我们常见的气象类型。"

大家纷纷停下手上的工作，认真地听着天天的讲解。

"中国气象局编写的《地面气象观测规范》将大气和地面上可观测到的物理现象分为5类，包括降水现象11种、地面凝结现象4种、视程障碍现象9种、雷电现象3种和其他现象7种，共计34种。"

"你说的其他几类在字面上就能了解是哪些天气现象，可是视程障碍现象指的是什么天气现象？"文文有点疑惑。

"雾、沙尘、霾等这种使空气变得混浊，并造成能见度下降的天气现象就是视程障碍现象。"天天解释道。

云的形成及分类

"你们修好了吗?"林非博士的声音打断了天天的讲解,少年们赶紧修理检测信号发射器。

仪器修理好,大家回到基地内,洋洋提议道:"我们来一场模拟天气现象的实验吧!"

"先从云的产生开始吧!"天天也兴致盎然。

"云的产生跟水循环有关,所以我对此还是有所了解的。"洋洋一边寻找实验用具,一边说,"地球上的水因为高温形成水蒸气,水蒸气上升到空中就形成了云,是这样吗?"

天天点点头:"你说得没错。温度高,空气中所容纳的水蒸气就多;温度低,空气中容纳的水蒸气也会变少。当温度高的水蒸气上升遇冷,空气中的水蒸气达到饱和时,多余的水蒸气就会析出与微尘凝结成小水滴或者是小冰晶。大量的小水滴或小冰晶将阳光散射到各个方向,就产生了云的外观。"

"我小时候还以为云是棉花糖做的呢!"陆陆嬉笑着说道,"长大后才知道云是水做的。"

林非博士走过来说:"光是水汽和低温可不能形成云,还需要一个重要条件——凝结核,因为如果单是水蒸气分子是不能凝结在一起的,

这时候空气中的尘埃就起到了'黏合剂'的作用，它使得水蒸气分子聚集在一起，变成各种形状的云。"

"我记得云也是有名字的吧？"文文说道。

"这就要说到云的分类了。"林非博士说，"1929年，国际气象组织根据英国科学家路克·何华特于1803年制定的分类法，按云的形状、组成、形成原因等将云分为卷云、卷积云、卷层云、高积云、高层云、层云、层积云、积云、积雨云、雨层云十大云属。又按照云的高度将十大云属划分成三大云族：高云族、中云族、低云族。"

"原来云有这么多分类呢！"陆陆惊讶道，"自然界真是奇妙万千，变幻莫测！"

卷积云

积雨云

高积云

积云

云的颜色与云层的厚薄及阳光有关。云层薄时呈白色，云层较厚时呈现灰色，当云层太厚或浓密而使得阳光不能通过的话，看起来就是黑色。

031

▼ 雾

雾是近地面空气中水蒸气凝结的现象,主要发生在晴天、微风、水蒸气比较丰富的夜间或早晨的地面附近,主要有平流雾、辐射雾、锋面雾、上坡雾等类型。

雾和地面凝结现象

"人们说雾是落在地上的云,雾的形成原理和云应该是相同的吧?"文文不确定地问。

"是的。"天天回答道,"**雾和云的不同之处在于发生的位置是否贴近地表。云发生在大气的高层,而雾接近地表。**根据雾的成因不同,也可以将其分为4类:平流雾、辐射雾、锋面雾、上坡雾。"

"被称为'高速公路流动杀手'的团雾属于哪一类?"洋洋问道。

林非博士说:"**团雾本质上是辐射雾,多发生在昼夜温差较大和近地面空气湿度较大且悬浮颗粒较多的地区。**团雾外的视线很好,但是团雾内的能见度极低,因此车辆一旦进入团雾内部,就什么都看不见了。团雾对高速公路交通安全极具危害性。"

天天接着介绍地面凝结现象:"**露虽然是地面凝结现象,但是形成原理与雾差不多,都是空气中的水蒸气凝结而成的。**只不过雾是水蒸气凝结成小水珠悬浮在空气中,而露是水蒸气遇冷凝结成的小水珠附着在温度较低的树叶、花草表面。露的形成对环境要求较高,需要无云无风的夜晚,这样地面

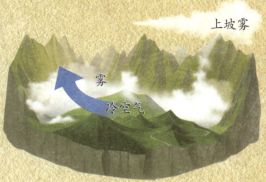

热量散失很快,地面的水蒸气才能达到露点温度,凝结成露珠。"

"既然天天说到'露点温度',那我再说说'霜点温度'。"林非博士接过话题,"**露点温度就是水蒸气凝结成水珠时的温度,而霜点温度就是当空气的温度低于0℃时,空气中的水蒸气在平面上凝华成霜时的温度。**"

霜

在寒冷的季节,当夜晚气温急剧下降到0℃以下时,空气中的水蒸气受冷就会迅速凝华成小冰晶附着在地面或者植物上,这就是霜。

小贴士

标准大气压下,水由液态变为固态的温度称为冰点(0℃)。露点(水蒸气凝结成露的温度)高于冰点,霜点(水蒸气凝华成霜的温度)低于冰点。

降水现象的形成过程

"这样看来,雨、雪、冰雹也都和水蒸气有关了。"文文笑着说道。

"是的。刚刚我们说**云是由小水滴(云滴)构成的,当这些小水滴在一起相互碰撞、融合时,就会变成大水滴,当水滴大到空气托不住它们时,就会从空中落下来形成雨。**"

天天说完便将大家引导到超级电脑前,说要给小伙伴们一个惊喜。只见天天在超级电脑上输入指令,房间的灯光开始变暗,天花板像是阴暗的天空一般,无数的雨点夹杂着大大小小的雪花及冰雹从那里落下。

"哇,和真的一样。"洋洋仰着头,看着头顶的影像惊呼道,"我还以为真的下雨了呢!"

"这是模拟的降水现象影像,咱们从中可以清楚地看到大气降水的过程。"

天天指着头顶上方飘落的雪花影像说,"**雪是水的固态形式,是由水蒸气在0℃以下形成的冰晶及其聚合物组成的。如果温度再急剧下降,冰晶就会不断地凝结,形成霰。**"有的人容易把霰说成小冰雹,其实霰是一种松

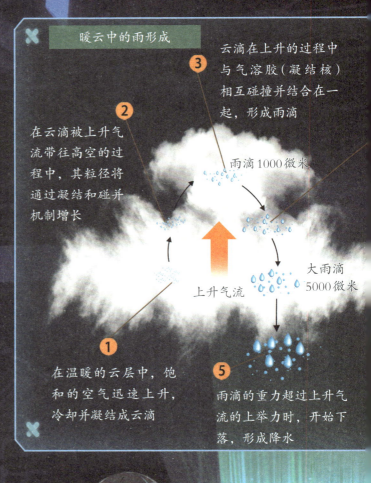

暖云中的雨形成

① 在温暖的云层中,饱和的空气迅速上升,冷却并凝结成云滴

② 在云滴被上升气流带往高空的过程中,其粒径将通过凝结和碰并机制增长

③ 云滴在上升的过程中与气溶胶(凝结核)相互碰撞并结合在一起,形成雨滴

雨滴 1000微米

大雨滴 5000微米

上升气流

⑤ 雨滴的重力超过上升气流的上举力时,开始下落,形成降水

散状固态降水,常出现在降雪前或与雪同时降落;而冰雹很硬实,常出现在对流活动较强的夏秋季节。"

"这样一看,充足的水蒸气是形成降水现象的重要条件。"洋洋总结道。

"是的。不过,也不能缺少使水蒸气凝结成水滴的凝结核以及气流。"

"我以后再也不伸出舌头接雪花了。"陆陆咧着嘴说,"雪花里的凝结核就是空气中的小微粒,说白了就是灰尘!"

其他成员都笑了起来。

4 雨滴在上升的气流中到达顶点转而下降,并继续增长

向上的力
重力

这种类型的降水形成发生在赤道和热带地区典型的暖云中的对流降水中。

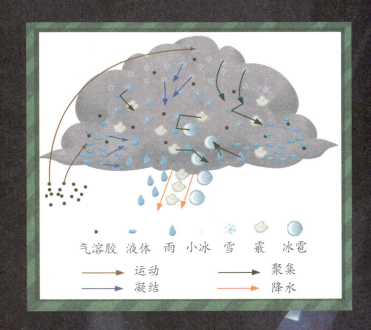

气溶胶　液体　雨　小冰　雪　霰　冰雹
→ 运动　→ 聚集
→ 凝结　→ 降水

可怕的雷电现象

"天天,那雷电现象是……"还没等文文说完,一道光从众人上方划过,紧接而来的是炸裂的响声。文文被吓了一跳:"天天,你怎么也不提前和我们说一声,这突如其来的雷电也太吓人了!"

"嘻嘻,这不是想给你们惊喜嘛。"天天不好意思地说。

"这算惊吓吧!幸亏这是模拟的雷电影像,如果真这么近距离地感受雷电的话,我

小贴士

雷雨天气在地势高且空旷的野外使用手机容易引来雷电。

雷电产生的条件:一、空气中要有充足的水蒸气;二、要有使湿空气上升的动力;三、空气要能产生剧烈的对流运动。所以雷电一般发生在夏季。

按照发生的位置不同,闪电可以分为云闪(云内闪、云间闪)和地闪(云对地闪电);按照闪电的形状不同,闪电可以分为线状闪电、带状闪电、球状闪电。

负底和正顶之间的云内放电
云间撞击,云和云之间的闪电
正负电荷中心之间的放电
地与负电荷中心之间典型的云对地闪电

第X件宝物的自白

我叫凝结核,是悬浮在大气中的烟尘、雾滴或固液混合物,是雾霾的主要成分,人类对我避而远之。可是如果没有我,云、雾、露、雨、霜等这些自然现象都难以形成呢!

们几个现在已经被烤焦了。"

"是电焦了才对。"天天说,"**天上的云团在碰撞摩擦后会产生静电荷分离现象,带有正负电荷的云体、云块或云地之间形成电场。当电场达到一定的强度时,就会引发电流放电,也就是闪电。闪电会释放很大的热量,使得周围空气受热膨胀,从而引发爆裂式的震动,就形成了我们熟悉的雷。**"

"大家今天的收获很大嘛。"林非博士走进房间说,"你们不仅修好了信号发射器,还跟着天天学到了许多关于大气圈中自然现象的新知识呢!既然信号发射器可以工作了,就让天天把大气中自然现象的资料做成报告发送给地球居民吧!"

"收到!"天天回复林非博士后,又转向洋洋说,"稍后咱们再一起进行云的形成实验吧。"

报告

大气圈中的自然现象:冷、热、干、湿、风、云、雪、霜、雾、雷、光等。

干湿:干湿不是取决于大气中所含水蒸气的多少,而是取决于空气中所含有的水蒸气量接近饱和的程度。

风:空气流动形成的自然现象。

云:水蒸气凝结或凝华成小水珠或小冰晶悬浮在大气中的聚合物。

雨:水蒸气凝结或凝华成小水珠或小冰晶后,经过聚集增长,最终从大气中降落到地面的液态水滴。

雾:近地面水蒸气凝结成的小水滴悬浮在空气中形成的自然现象。

露:水蒸气凝结成的小水滴依附在物体上。

霜:水蒸气凝华在物体上的小冰晶。

雪:水蒸气凝华形成的冰晶和其聚合物组成的固态降水。

雹:水蒸气凝华形成的冰晶不断增大降落到地面的固态水。

地球居民的回复简讯

为了我们赖以生存的美丽星球、蓝天白云、青山绿水,我们一定要爱护环境、不乱排乱放。

大气圈

思维导图

干湿
取决于空气中所含有的水蒸气量接近饱和的程度

风
空气流动形成的自然现象。气压梯度越大，空气流动越快，风速就越强

云
水蒸气凝结或凝华成的小水珠或小冰晶，悬浮在大气中的聚合物

大气中的自然现象

雨
水蒸气凝结或凝华成小水珠或小冰晶后，经过聚集增长，最终从大气中降落到地面的液态水滴

露
水蒸气凝结成的小水滴依附在物体上

雾
近地面水蒸气凝结成的小水滴悬浮在空气中形成的自然现象

雹
水蒸气凝华形成的冰晶不断增大并降落到地面的固态降水

霜
水蒸气凝华在物体上的小冰晶

最薄且离地面最近的大气层，雨、雪、冰雹等天气现象都出现在此层 对流层

平流层

底部的臭氧层保护地球生物不受伤害，天气现象少，适合高空飞行

中间层

内层和顶层温差大，流星和罕见的夜光云都出现在这一层

热层

热层又称电离层，可以反射无线电波，有极光现象

大气圈的分层

散逸层

地球大气与宇宙间的过渡层，也是人造卫星、火箭等航天器的运行空间

风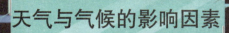

天气与气候的影响因素

气压

温度

湿度

Climate and Environment

地球的生命之源——水圈

千变万化的水

"地球水圈模型建立完毕。"超级电脑的提示音结束,一个像巨大蓝宝石的地球呈现在大家的眼前。

"哇,地球好漂亮啊,连大气都变成浅浅的蓝色了!"文文忍不住赞叹道。

"这是因为大气中也含有水分呀。"洋洋说。

陆陆也忍不住开心地说:"据说地球是三分陆地七分水,今天一看还真是这样。"

"那是。"洋洋忍不住得意地说,"水是生命的基本组成部分,地球上一切生命的产生、存在、繁殖都需要水,在太阳系中有这么多行星,只有地球上有生命,除了适宜的温度,最重要的就是因为地球上有水。"

天天说:"确实,原始地球是没有水的,那时候的地球表面温度非常高,随着地核形成,地球开始以火山喷发的形式进行排气,大量的水蒸气随之喷出,最后随着地表温度下降,水蒸气凝结成雨滴降落到地面,地球上开始有了水,最终形成了水圈。"

"地球有71%的面积被水覆盖,地球就是一个水球。"陆陆说。

"虽然地球上的水有很多,但能饮用的很少!"洋洋指着水圈模型上一块块大面积的蓝色部分,"地球上的水分为地表水、地下水、大气水和生物水4个部分。这些大块的蓝色都是海水,约占地球水总量的96.5%,因为富含盐分所以无法直接饮用。淡水只有2.5%左右,而淡水中又有99.66%属于冰川水和地下水,真正可以饮用的淡水仅有0.34%。"

"节约用水真的太有必要了。"文文说,

▼ 水体的构成
水圈的主体是海洋水,约占总量的96.5%,大气水0.001%,陆地水3.477%。

"洋洋,你再详细说说。"

洋洋接着说:"地表水主要指储存于海洋、湖泊、河流、冰川、湿地等水体中的水;地下水是指土壤、岩石孔隙、洞穴、溶洞中的水;大气水主要是指悬浮于大气中的水汽,也包括以液态和固态形式悬浮于大气中的水;生物水是指生物体内的水分。这些水相互转化,形成地球上的水循环。"

说完,洋洋轻点一下超级电脑,只见水圈模型中地面和海洋的蓝色部分慢慢升上空中,大气中的蓝色部分则缓缓下沉,落入地面及海洋中,最终形成了一个完整的圈。

"这就是水循环吧!"缓过来的陆陆说,"我终于知道为什么要叫水'圈'了。"

洋洋说:"淡水中可以饮用的就是地表水和地下水,但地下水又有近一半深埋于地面以下800米的岩层中……"

"那这一部分就无法饮用了。"陆陆遗憾地说道。

"是的,"洋洋说,"剩下的就是地球上全部河流、湖泊和沼泽,它们的水量约为19万立方千米,只占到地球上全部水量的0.014%。这部分水关系到人类的生存与发展。"

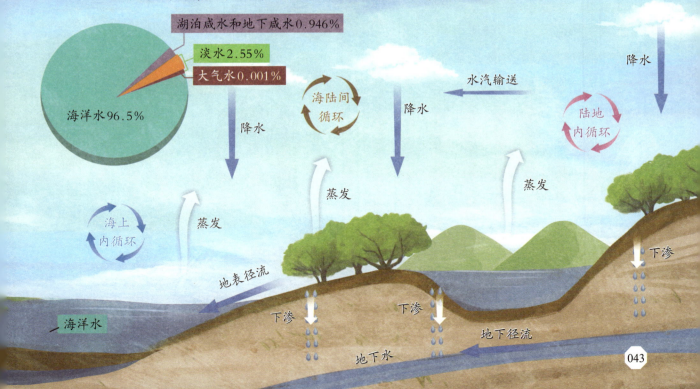

▼ 水循环

水循环分为海陆间循环(大循环)以及陆地内循环和海上内循环(小循环)。

大地跳动的脉搏

"洋洋,你在做什么?"陆陆一大早就看到洋洋在超级电脑前忙活,忍不住开口问道。

"之前不是做好了水圈模型嘛,但是由于今年高温,冰川每天都在消融,所以我正在更改数据。"

"我也看到新闻了,据说温度最高时冰川每日消融量高达60亿吨呢!"天天也凑了过来。

"那这样的话是不是人类饮用水就会变得充足了呢?"文文问道。

"恰恰相反,冰川融化可能会使淡水资源变少,因为90%的冰川是在南极的,如果这些冰川融化,淡水会流入海里,人类将无法使用,而高山地区的冰川因为消融就不能再给内陆提供淡水。"洋洋痛心地说。

"不仅如此,冰川消融还会使海平面变高,带来远古病毒、气温升高等危害。总之,对人类来说弊大于利。"天天补充道。

"唉,还有那些生活在冰雪世界的动物,它们的生活环境也受到了威胁。"就连平日里嘻嘻哈哈的陆陆都唉声叹气起来。

冰川

水库

海洋

"好啦好啦！别沮丧了，今天正好大家都有时间，我刚刚把水圈模型进行了升级，我们可以一起来更仔细地了解一下跟水资源有关的知识哦！"洋洋看大家垂头丧气的样子赶紧说道。

"好哇好哇。"队员们都表示同意。

"那我们先来看看地表水吧！"洋洋在超级电脑上点了一下，只见水圈模型徐徐展开，看起来像一大幅画。

"哇，这样看更清晰了。"文文在旁边说道。

"是的，你们看这里。"洋洋指着地球表面上的水体说道，"**地表水就是指这些在地球表面的水，动态和静态的都算**，比如说河流、湖泊、水库、海洋、池塘、沼泽、冰川等，因为这些都是看得见的水，所以我们也称它们为'陆地水'。河流便于人类取用，而且分布广，水量更新也快，因此是我们开发利用的主要水源。"

▲ 地表水
它是人类生活用水的重要来源之一。

河流

"河流？"陆陆来了兴趣，"这个我知道，世界上有很多有名的河流啊！比如长江、黄河、尼罗河、亚马孙河等。"

洋洋指着画卷中间一条长长的蓝色地带说："看，这是长江，我们中国第一长河，也是世界第三长河！它和黄河是我们的母亲河。"

"长江和黄河都是外流河吧？"天天问道。

洋洋点点头："是的，像长江、黄河这样最终会流入海洋的河流我们称为外流河；不会流入海洋而注入内陆湖或消失在沙漠里的河流我们就称为内流河，比如塔里木河就是我国最大的内流河。"

"这样说来，我国内流河大都分布在比较干燥的西北地区，但是那里的降水少，所以河流补给基本要靠高山冰雪融水了。"文文终于开口说道。

"没错，刚刚说的塔里木河主要就靠天山和昆仑山的冰雪融水补给。"洋洋指着那些流入海洋的河流说，"而外流河一般就靠大气降水补给。"

内流区

外流河的集水区域就叫外流区，内流河的集水区域就叫内流区。

外流区

天天自豪地说："我国的河流众多，其中水能蕴藏量1万千瓦以上的河流就有3800多条，水能蕴藏量居世界第一位呢！"

水库

"隔行如隔山啊！能解释下水能蕴藏量是什么吗？"陆陆委屈的样子逗得大家哈哈大笑。

水库

洋洋说："水能蕴藏量就是指现储备水量能够转化的发电量。它跟河流落差和水量有关系，地形落差越大，降水越多，流域面积越大，水能就越大。比如水库就是利用人工增加上下游的落差，由此增加发电量。"

"怪不得水库一般都建在容易约束水流的山沟或河流的狭口处，这样不仅库容大，集水面积也大，还可以节约成本。"陆陆说道。

"陆陆，你知道水库还有什么作用吗？"洋洋笑着问道。

"这个我知道。"陆陆得意地说，"水库除了发电，还有供水、蓄水灌溉、防洪等作用呢！"

海洋

湖泊

"这样看来，**湖泊、池塘和水库**基本功能都差不多啊！"文文说道。

洋洋点点头，说："它们之间确实有相同之处，都有蓄水的作用，但是湖泊是天然形成的被陆地围着的大片积水，而水库和池塘是人工修建的，当然积水比较少的湖泊我们也叫池塘。从大小来说，池塘最小，湖泊比较大。世界上淡水量最大的淡水湖贝加尔湖面积有3.15万平方千米，能供全球人喝40年左右呢！"

"我记得世界上面积最大的淡水湖是苏必利尔湖吧。"文文试探性地说。

"没错，苏必利尔湖的面积最大，但是贝加尔湖的深度最深，所以储水量更多。两者都属于淡水湖。淡水湖分为封闭式和开放式两种：封闭式的淡水湖没有明显的河川流入和流出；开放式的淡水湖面积可能相当大，湖中有岛屿，并有多条河川流入流出。"

"我记得只进不出的内流湖一般都是咸水湖呀，比如我国西北地区的青海湖就是咸水湖。"文文疑惑地说，"为什么封闭式的淡

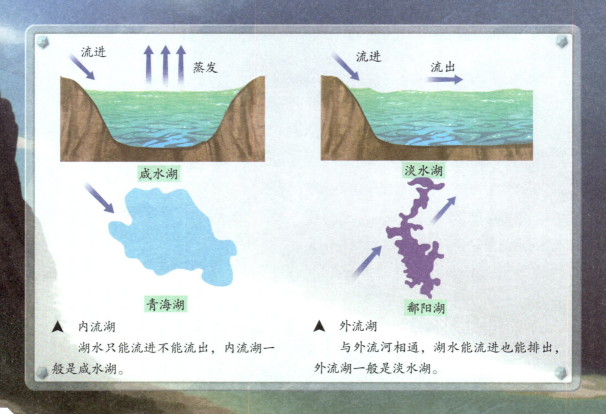

▲ 内流湖
湖水只能流进不能流出，内流湖一般是咸水湖。

▲ 外流湖
与外流河相通，湖水能流进也能排出，外流湖一般是淡水湖。

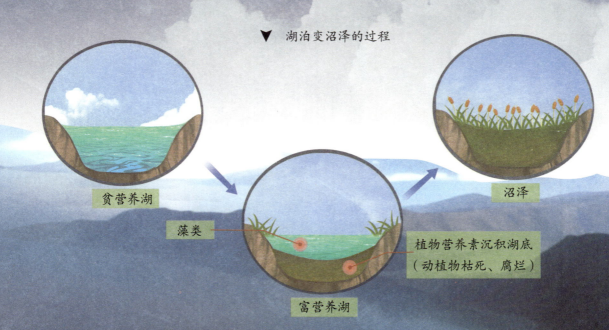
▼ 湖泊变沼泽的过程

贫营养湖

藻类

富营养湖

植物营养素沉积湖底（动植物枯死、腐烂）

沼泽

水湖没有变成咸水湖呢？"

"封闭式的淡水湖大多位于高山或内陆区域，虽然没有河流流入，但是有大量的降雨，而且有的地区岩体本身透水性差，进入湖水的盐分就比较少，因此无法形成咸水湖。**我国的长白山天池就是封闭式的淡水湖，它也是我国最深最高的湖。**"

"原来如此，不同的自然条件造就了不同的地理环境。"文文点点头表示理解。

"嗯，比如**沼泽就是由湖泊演变而成的。**"洋洋说，"流进湖泊的河流带来大量的泥沙，使得湖泊变得浅而宽，流动速度也变得缓慢，久而久之就会生长出喜水或漂浮的植物，这些植物死亡后不断堆积在湖底，因为缺氧，所以分解得慢，逐年累积就会变成泥炭，时间一长，泥炭增厚，并堆满整个湖盆，湖泊就变成了水草丛生的沼泽。"

小贴士

如果一个人陷入沼泽，惊慌挣扎只会越陷越深，可以借助植物，慢慢移动自己，或是朝天躺下，慢慢移出深陷的双腿。

移动的冰川

"水污染会加速湖泊沼泽化,而沼泽的最后一站就是陆地。"文文看着沼泽的进一步演变说,"至此,这片湖泊的可见水全部消失。"

"洋洋,说说会移动的冰川吧。"陆陆提议道。

洋洋点开准备好的冰川画面播放给大家看,并说道:"**冰川就是由冰组成的河,存在于极地或高山地区的地表上。**"

"冰川不会是水结成了冰形成的吧?"陆陆故作不懂的样子问洋洋。

洋洋扑哧一笑:"冰川的形成离不开水,但是这个水是固态降水,比如下雪。没有足够的固态降水作'原料',就等于'无米之炊',根本形不成冰川。由于常年寒冷,雪花不易融化,慢慢被压实并冻结在一起就形成了冰川。冰川在重力作用下,发生蠕变而产生运动,不过一般运动速度比较慢。"

雪花到冰川冰的过程

新雪 → 粒雪 → 粒状冰 → 冰川雪

"哦……原来冰川会移动是因为承受不住自己给的压力啊！"陆陆又嬉笑着说。

洋洋指着画面上的大片白色部分，非常严肃地说："不要小看这些冰川，这里面可是储存着70％的淡水呢！如果冰川融化，大量的淡水流入海洋，那对人类来说可是大灾难。"

"这样看来，海洋里的水，人类不但用不了，还把淡水给变咸了。"陆陆感叹道。

"不能这样理解，**海洋在水循环中起着关键作用，它是全球86％蒸发量的来源，对地球的水循环有着调节作用。**"洋洋着急地说。

"哈哈，"陆陆调皮地笑了笑，"我明白，海洋对地球是十分重要的，最初的生命就是在海洋里诞生的，**地球上大部分氧气来自海洋**，而且海洋里还有丰富的生物资源和矿产资源。"

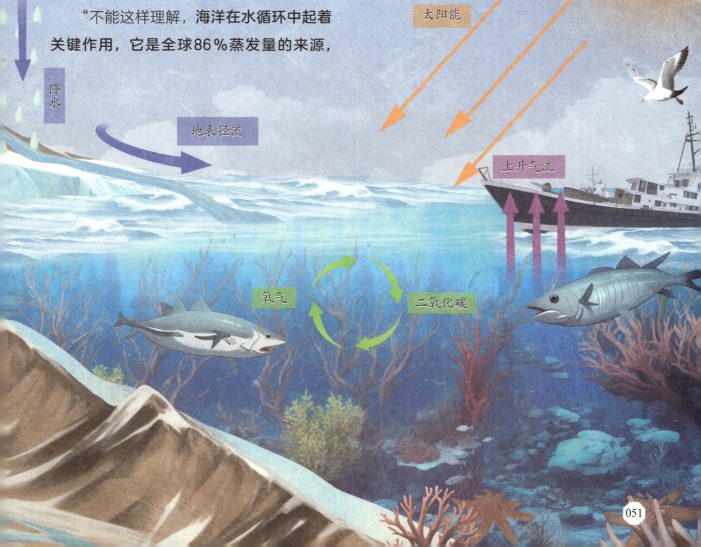

微小的水体——池塘

洋洋白了一眼陆陆，生气地说："哼，你都知道，还在那里瞎问，不和你说了！"

陆陆看洋洋真的生气了，就连忙哄她："因为你是这方面的专家，比我们更专业。"

天天看洋洋还没有消气，就赶紧转移话题说："洋洋，地表水里的池塘你还没和我们说呢。"

"池塘不就是农户为了养殖或浇灌而挖的大水坑吗，这有什么好说的！"嘴欠的陆陆又插了一句话。

"哼，才不是呢！"洋洋又白了陆陆一眼，转向天天和文文说，"**池塘一般指比湖泊小而浅的水体，最大表面积不超过5公顷，最大深度不超过5米，植根于底部并延伸至水面的植物要低于30％。**"

"池塘的划分标准原来有这么多啊！"天天也惊讶了。

"那是当然。不过现在人工建造的水池，通常也叫作池塘。一般情况下池塘都是没有地面入水口的，它们都是依靠天然的地下水源和雨水或以人工的方法引水进池的。因此，池塘独立的生态系统和湖泊相比，有

第X件宝物的自白

我是里海，虽然名字带"海"，但我是一个湖，世界上最大的湖泊，面积有39万平方千米。虽然我不是海，但是我有海豹呀。

所不同。"

"那小小的池塘除了养殖、灌溉,对水环境的影响不大嘛!"陆陆又不以为意地说。

"别小看了池塘这种微小水体,它们在水系中其实起着举足轻重的水系勾连作用。池塘与湖水、河水、沟渠、水库等地表水横向勾连,起到重要的枢纽作用;同时与雨水、地下水、蒸腾水形成纵向连通,既收集净化雨水、储水、滞洪,又补充涵养地下水,蒸发、蒸腾,回补空气中的水分。可不单单像你说的那样简单!"

陆陆嘿嘿一笑说:"受教啦,多亏有洋洋的专业解答,还麻烦洋洋把地表水的资料做成报告,我要去补充一下生命之源——喝水去咯。"

 **报告**

地表水:河流、湖泊、水库、海洋、池塘、沼泽、冰川等。
河流:陆地表面上经常或间歇有水流动的线形天然水道,有内外流之分。
湖泊:外流湖是淡水湖,内流湖一般是咸水湖。
水库:水库一般都建在容易约束水流的山沟或河流的狭口处,属于人造湖泊。
海洋:海洋水体对地球上的水循环有着重要的作用。
沼泽:低洼积水、杂草丛生的大片泥淖区。
冰川:地球表面寒冷地区多年积雪积累起来并具有一定形态和运动的冰体。
池塘:池塘有自然形成的,也有人工修建的,主要作用是蓄水、养殖等。

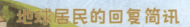 **地球居民的回复简讯**

地表水相当于人类的血液,保护好水资源,就是保护人类自己。

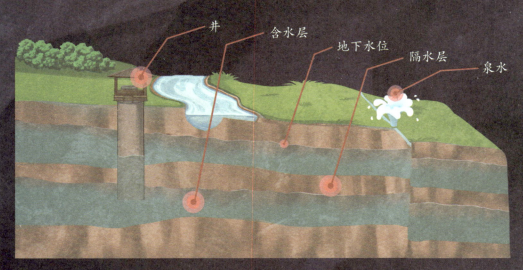

▲ 泉水分为上升泉和下降泉

上升泉主要来自承压水的补给，它的上部和下部都有隔水层，不容易干涸；下降泉主要来自潜水或者上层滞水的补给，上部没有隔水层，受季节和气候的影响，容易干涸。

藏在地下的水

"叮，地下水模型已建立。"只见超级电脑上刚刚展开的水圈模型缓缓上升，露出了地下的部分，所有的地下水一目了然。

"哇，洋洋，我发现你的水圈模型越来越厉害了呢！"陆陆忍不住夸赞道。

"是啊！这里蓝色的部分就是地下水吗？"文文用手指着水圈模型问道。

"是的。"洋洋点点头，"埋藏在地表以下各种形式的重力水，比如泉水、井水等都属于地下水。"

受重力支配的水

"洋洋，我刚听你说重力水，那是什么？"旁边的陆陆问道。

"重力水又称自由水，就是指在重力作用下，从上向下渗透到土壤的水，它能够从上向下或者沿斜坡移动，一般地下水都是重力水。"

陆陆接着问道："泉水不是在地面就可以看到吗？为什么属于地下水？"

"我们之所以能在地表看到泉水，一部分原因是它在地下流动的过程中遇到了阻挡，于是出露到地表。"天天解释道。

地下水的深浅划分

"看来天天最近偷偷学习了，竟然对水的知识也如此了解呢！"陆陆笑着说道。

天天不好意思地挠挠头说："这方面的知识还得看洋洋，还是请洋洋再给我们细细地讲解一下吧！"

"天天你也很棒，不用这么谦虚。"洋洋指着几条蓝色的水带说道，"地下水如果按照埋藏的深度，可以分为浅层地下水和深层地下水。一般地表以下60米内的含水层的水属于浅层地下水，而地表以下1000米左右的含水层的水属于深层地下水。浅层地下水因为距离地表近，所以参与水循环的速度较快，但这也带来了一个问题，那就是容易被污染。深层地下水由于离地表远则正好相反。"

地下水按埋藏的深度可以分为浅层地下水和深层地下水。

地下水的其他分类形式

"地下水还可以按照埋藏条件来划分。从地表往下可以分为包气带水、潜水和承压水。"洋洋用手又点了一下画面,指着第一条蓝色水带的上面部分说道,"潜水面以上的部分我们都称为包气带水,因为该带内的土和岩石的空隙中没有被水充满,包含空气,所以我们将这里的水称为包气带水。"

天天指着包气带中一片蓝色的水带说:"这个我知道,这是上层滞水,因为下面有局部的不透水层(隔水层),所以重力水会在这里积聚,从而在这里形成了上层滞水。"

"没错。"洋洋点点头,"包气带水主要就包括土壤水和上层滞水。"

天天手向下移,指着第一条水带继续说:"第一个稳定隔水层上面的水就是潜水,下面两个隔水层中间的水就是承压水。"

洋洋给天天竖起了大拇指:"完全正确。**潜水就属于浅层地下水,它可以流到地面,形成河流或者泉水,但容易被污染和干涸。**"

小贴士

深层地下水的水质较好,悬浮杂质少,有机物和细菌少,不易受到外界环境的影响。目前我国地下水饮用水水源主要取自深层地下水。

包气带水受气候控制,季节性明显,变化大,雨季水量多,旱季水量少,甚至干涸。

潜水主要靠大气降水、地表水以及受其他含水层水的补给。

承压井 　承压水位 　潜水井 　潜水位 　上层滞水 　潜水含水层 　湖 　隔水层 　隔水层 　基岩

承压水属于深层地下水,水质较为稳定,适合人类饮用,比如常见的井水有的就是取自承压水。"

地下水的来源

"这么多地下水,难道都是由地表水渗透得来的吗?"文文疑惑地说。

"不是,**地下水主要来源于渗入水、沉积水、变质水、岩浆水。**"洋洋点击屏幕,一幅地下水的来源图呈现在大家眼前,洋洋指着图中的地上部分说,"渗入水是降水、灌溉及地表水渗入地下而形成的地下水,渗入水构成了地下水的主要部分。沉积水是沉积物中的水在长期成岩过程中被挤出、聚集与埋藏的地下水,也叫埋藏水……"

还没等洋洋讲完,调皮的陆陆打岔说:"变质水就是不干净或被污染的水吗?"

"不是,变质水又叫再生水……"

洋洋刚想接着说,却被陆陆又插了一句:"再生水不就是污水的循环再利用嘛!"

"陆陆,你让洋洋说完你再说不行吗?"文文看不过陆陆的调皮劲儿,气哄哄地说。

陆陆看着文文和洋洋的表情,立刻用手捂住了嘴巴,不再发声。

地下水的重要性

洋洋接着被打断的话继续说:"变质水又叫再生水,是含水矿物重结晶为无水矿物的过程中,在高温高压下经历变质作用产生的水。"

"地下水的得来真是不容易啊!"天天感叹地说。陆陆也捂着嘴使劲地点头。

洋洋看着陆陆的样子扑哧一笑,继续讲解:"岩浆水又称初生水,是地球内部岩浆喷发冷却过程中形成的地下水,也是最原始的水。"

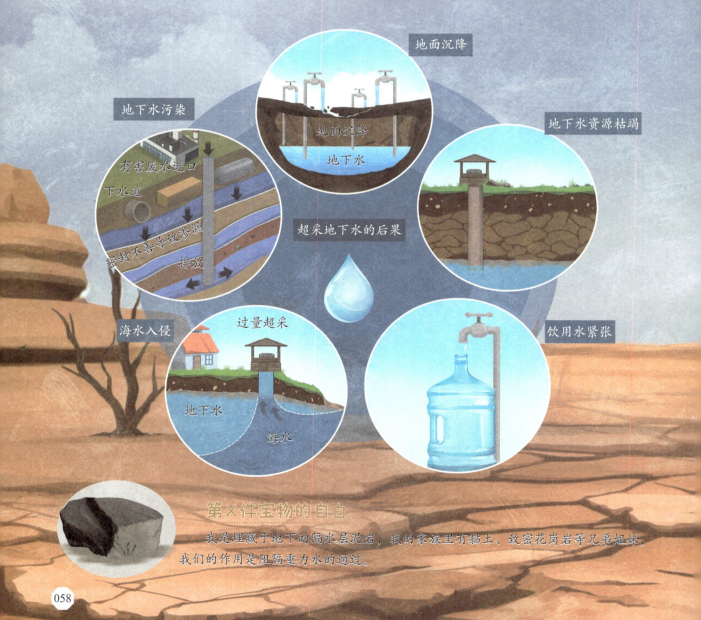

超采地下水的后果

第X件宝物的自白

我是埋藏于地下的隔水层泥岩,我的家族里有黏土、致密花岗岩等兄弟姐妹,我们的作用是阻隔重力水的通过。

天天说:"地下水是水资源的重要组成部分,是自然界水循环的重要环节,是人类赖以生存的生命之源。"

"是的。"文文说,"地下水得来不易,且用且珍惜。如果人类毫无节制地抽取地下水,就可能造成水质下降、水源枯竭、水井报废、地面沉降等问题。"

憋了好长时间的陆陆终于张口了:"所以我们要做好水环境监测工作和制定水资源保护措施,把节约用水、保护水资源的理念刻进人们的脑子里,这样才能使水资源长久地造福人类。"

洋洋眼神坚定地看着屏幕上生成的地下水分析报告,按下了发送按钮。

报告

地下水包括泉水、浅层地下水、深层地下水等。

泉水:地下水在流动的过程中遇到了阻挡,于是出露到地表形成泉水。

浅层地下水:上层滞水和潜水都是浅层地下水,容易被污染,主要靠大气降水、地表水补给。

深层地下水:承压水就是深层地下水,适合人类饮用,不容易干涸。

地球居民的回复简讯

我们一定会合理开采地下水,保护好水源环境。

水圈 思维导图

地表水的含义
地表水是指在地球表面的水

地表水的主要来源
地表水的主要来源包括地面降水、冰雪融水、河流、湖泊、水库等

地表水包括

河流

湖泊

水库

海洋

沼泽

冰川

池塘

地表水环境的污染源
主要是由人类活动产生的污染物造成的，包括工业污染源、农业污染源和家庭污染源

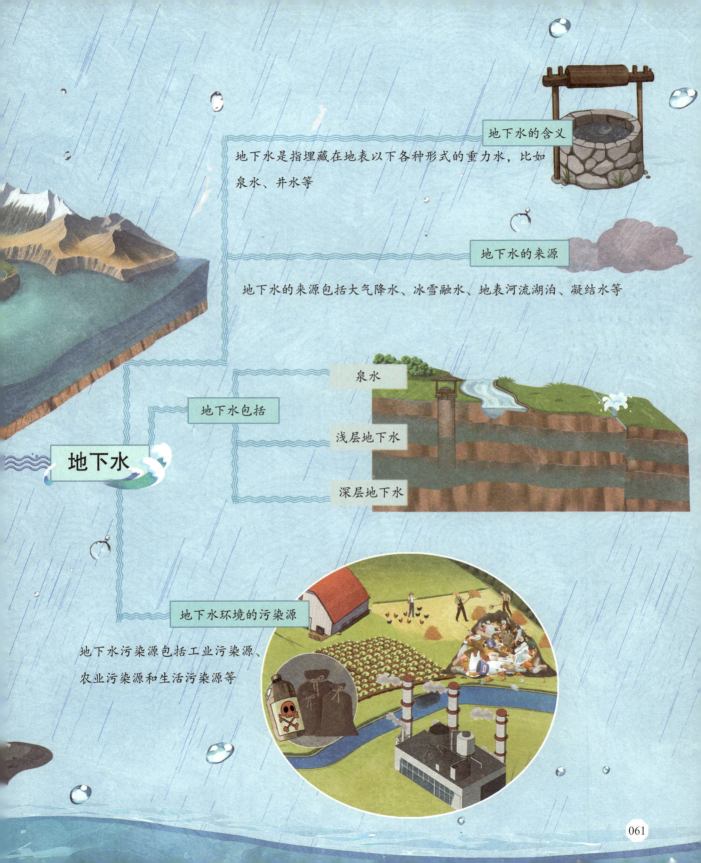

Climate and Environment

地球的骨架

脚下的大地

一大早,基地的餐厅里,大家都在一起安静地吃早餐。陆陆率先打开话题:"伙伴们,最近我要和炎黄驾驶甲壳虫号陆空两栖车去地下搜集岩石样本,有想要去的吗?"

"是要去地壳内部吗?"文文来了兴趣。

"当然,地壳也是我研究的岩石圈的一部分。"一说到自己的专业,陆陆就非常兴奋。

洋洋一边剥鸡蛋一边说:"我知道地球内部分为地壳、地幔,还有地核,地壳是由土壤和岩石组成的,岩石圈的范围我却不是很清楚。"

陆陆放下手中的食物说:"岩石圈是在上地幔的软流层之上,包含整个地壳和部分上地幔。它是由岩石和矿物质组成的,其厚度有30～50千米。土壤是岩石圈的表层在长年经受各种侵蚀后风化分解而成的松软物质。它们覆盖在陆地表面和浅水地域,所有的土壤构成了一个覆盖层,也就是土壤圈。"

文文说道:"土壤圈可是自然圈层中靠近人类生产、生活最密切的环境,是人类生存和发展必不可少的基础条件。"

陆陆补充道:"而且它不仅是地球系统

最活跃的圈层,还是连接大气圈、水圈、生物圈与岩石圈的核心要素呢!"

"那刚才你说的软流层呢?"洋洋歪着头问道。

天天看陆陆正在咀嚼,忙解释说:"软流层就是上地幔中的一层熔融状态的物质,就像岩浆一样,这部分岩浆更像是软泥巴,虽具有一定的流动性,但又比真正的液态黏稠得多。软流层是岩浆的发源地。"

陆陆咽下嘴里的食物接着说:"因为软流层具有一定的流动性,所以岩石圈就像是漂浮于这片岩浆海洋上一样,随着岩浆的流动,岩石圈也随之运动,由于方向的不确定性和力度的不均匀,因此会导致岩石圈被撕裂或被挤压。"

"好啦好啦,说了这么多不如亲眼看看。我们都想跟着你和炎黄去看看岩石圈。"文文说。

陆陆爽快地说:"那明天我们就一起出发吧!"

地壳
地壳由岩石组成,平均厚度约为33千米。

莫霍界面
莫霍界面也简称M界面,是指划分地壳与地幔的界面。

人类的生活之本

第二天一早,少年们就在控制室集合,陆陆作为此次活动的队长,向大家宣布今天要执行的任务。

"小伙伴们,今天我们要去探究土壤环境,搜集和探索与土壤有关的内容。"

"不是说先到地壳内部研究岩石圈吗?"文文诧异地说,"怎么去研究土壤了?"

"土壤也属于岩石圈呀!而且土壤是生物圈的重要组成部分,为地球生态系统提供服务,供养生命,是人类生活之本……"

"好啦好啦,不用说了,我知道土壤很重要,那就先去研究土壤吧。"文文在陆陆的滔滔不绝下妥协了。

甲壳虫号带着大家停在了一处草原上。一下车,文文就对陆陆说:"我们研究土壤还需要跑这么远吗,基地周围到处都是土壤呀?"

陆陆解释说:"虽然到处都有土壤,但是构成土壤环境的要素不同,土壤形态也存在差别。比如农田、草地和林地等,这些土壤的形态有着巨

土壤的功能

养分循环

人类基础设施的地基

洪水调节

药品跟遗传资源的来源

碳封存

文化遗产

提供食物、纤维和燃料

气候调节

养分循环

提供建筑材料

净化水和减少土壤污染物

大的差异。不多说了，咱们开始进行土壤剖面挖坑和采样的任务吧。"

"原来你是让我们来跟着你挖坑的，你真会给我们'挖坑'啊！"洋洋埋怨道。

几人说说笑笑，不一会儿就在草地上将采集样本的土壤剖面坑挖好，并收集了不同的土层样本。之后，陆陆又带着他们去了农田挖坑采样，直到晚上才回到基地。

"可累死我们了！"少年们一进基地就对林非博士诉说今天的辛苦，"我们以为能跟着陆陆去地壳内部看看各种岩石、矿物，没想到跟着他挖了一天的坑。"

▼ 土壤剖面与土壤发生层次

凋落物层：植物残体堆积层，以分解和半分解的有机质为主。

腐殖质层：腐殖质积累，颜色较深，呈灰黑色或黑色。

淀积层：上层淋失的物质在此沉淀、积累，质地黏重紧实，呈棕色或红棕色。

母质层：风化疏松的岩层碎屑物质，是形成土壤的物质基础。

耕作层：养分多，根系密，由原土壤表层经长期灌溉耕作而成，富含有机质。

犁底层：土壤紧实，长期耕作中受到农机具的压实而成，可阻滞水分下渗，具有保水保肥的功效。

心土层：在耕作土壤中，心土层的结构一般较差，养分含量较低，植物根系少。

土壤的形态

林非博士看着几位少年和炎黄灰头土脸的样子，笑着说："你们快点去清理一下，休息半小时后到控制室集合汇报。"

收拾好后的少年们精神了许多。陆陆将今天搜集到的信息输入超级电脑，并向林非博士汇报："**土壤是由固相、液相、气相的多相物质，多层次组成的疏松多孔的复杂体系。土壤形态是指土壤与土壤剖面外部的形态特征，包括土壤剖面构造、土壤颜色、质地结构、孔隙度等。**"

陆陆又指着超级电脑的屏幕说："你们看，我们肉眼可见的这些颗粒或细沙

小贴士

在我国，土壤颜色大体分为5种，按区域可分为"南红、东青、北黑、西白、中黄"，这都是由土壤里腐殖质含量的多少和矿物质组成的差异决定的。

就是土壤固相，它是由很多矿物质和有机质组成的，约占土壤总容积的50%。"

"有机质就是指腐败的植物或分解的动物尸体吧？"文文问道。

林非博士解答道："确切地说，除了你说的，还包括微生物及其分解合成的各种有机物质。别小看有机质，它可以给作物提供各种需要的养分。比如我们说某个地方土地贫瘠，就是因为土壤中缺少有机质。"

陆陆又点了下屏幕，说道："**土壤液相其实就是指土壤中的水分。**"

洋洋说："土壤液相非常重要，如果土壤中没有水分植物就没办法生长了。"

文文好奇地问："沙漠里有土壤液相吗？或者沙子属于土壤吗？"

"当然属于。"陆陆肯定地说，"沙漠之所以不生长植物是因为它的土壤以沙粒为主，极少有黏土和淤泥，有机质含量也少，存水能力差，这就导致沙漠不符合植物生长的条件。不过现在人们已经在改善沙漠环境，相信不久后沙漠也可以变成绿洲。"

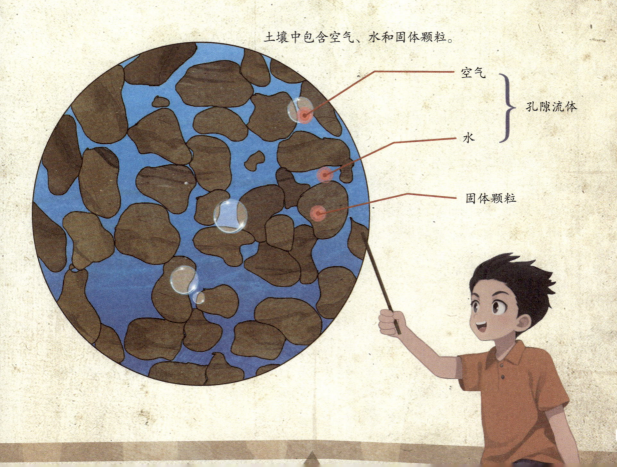

土壤中包含空气、水和固体颗粒。

空气 ⎫
水   ⎬ 孔隙流体
固体颗粒

土壤环境健康的重要性

"相信那一天很快就会到来的。"文明守护者小队异口同声地说。

还没等陆陆点击屏幕,文文就说:"经过陆陆的讲解,我知道**土壤气相是指存在于土壤中的各种气体**。"

"你真聪明。"陆陆竖起大拇指,"土壤中的空气主要有氧气、二氧化碳和氮气等。土壤中如果气体多就说明土壤的透气性好,那么植物在这样的土壤环境中就会发育得好。相反,如果土壤中的空气少,就会阻碍植物生长。"

天天感叹道:"要想土壤发挥作用,这三相缺一不可啊!"

少年们纷纷点头。

林非博士沉思了一会儿说:"除了这三相,要想发挥土壤作用,土壤健康一定要达标。健康的土壤不但为植物生长提供支撑能力,而且能为植物生长发育提供所需要的水、肥、气、热等肥力要素。但是不健康的土壤不但会妨碍其正常功能,降低作物

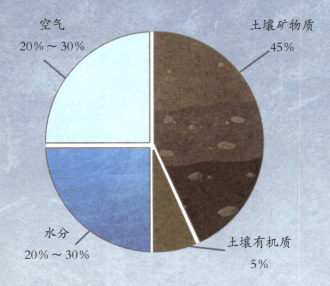

▲ 最适宜植物生长的土壤的体积组成

土壤水分包括两部分,一种是在土壤里流动的水,另一种是被土壤吸收的水。

土壤矿物质分为原生矿物和次生矿物。土壤原生矿物是指在土壤形成过程中未改变化学组成的原始成岩矿物,比如长石、云母、石英等。次生矿物是指原生矿物经过化学风化后发生变化,形成了新的矿物,比如高岭石、蒙脱石等。

产量和质量,还会通过食物间接影响人体健康。"

文文说:"土壤污染是人类生产生活的污染物进入土壤并积累到一定程度引起的土壤质量恶化,并造成危害的现象。这些污染

第X件宝物的自白

我是土壤母质,原本是一块大石头,饱经上千年漫长的风化,逐渐转变成可生长植物的土壤。我是土壤形成的物质基础和植物矿质养分元素(氮除外)的最初来源。

物有倾倒堆放的固体废物，有排放渗透进土壤的有害废水，还有随着雨水降落在土壤里的大气中的有害物质。这些污染物最终通过'土壤→植物→人体'，或通过'土壤→水→人体'间接被人体吸收，最终影响人类自己。"

林非博士深吸了一口气说："土壤是粮食安全、水安全和更广泛的生态系统安全的基础。保护土壤环境就是在保护人类自己。节能减排，发展绿色农业，保护土壤环境安全已经成为生态文明建设的重要内容，我们相信土壤污染问题会越来越少。接下来，辛苦文文把土壤环境的相关资料做成报告发送给地球居民，希望我们的微薄之力能够团结全球人民，共同守护地球家园。"

土壤污染物

滥施农药　　污水灌溉　　污染的大气降雨　　垃圾、矿渣、煤渣等

 报告

土壤圈：覆盖在陆地表面和浅水地域的覆盖层，是人类生存和发展必不可少的基础条件。

成土的关键因素：母质、气候、生物、地形和时间。

土壤的组成：固相、液相、气相。

 地球居民的回复简讯

我们一定认真保护土壤，守住耕地，提升土壤生命力！

岩石圈的钻探之旅

盼了好几天，文文终于和其他成员一起坐上了探索岩石圈的穿山甲号钻探车。

驾驶穿山甲号的炎黄说："岩石圈是地球上部相对于软流层而言的坚硬的岩石圈层，包括地壳的全部和上地幔的顶部，厚60~120千米，但是我们最多能钻入地下14千米，再深的话就无法前进了。"

"上天容易，入地难啊！"天天在旁边感慨起来。

陆陆安慰大家说："没关系，地壳的平均厚度是17千米，咱们深入地下14千米已经足够了。"

"陆陆，钻探过程中我们需要收集什么？"文文问道。

"穿山甲号会在钻探的时候，收集岩石圈的岩石样本。"陆陆一边回答，一边看着穿山甲号传来的画面。

组成岩石圈的三大岩石

洋洋说："这个我知道，**岩石圈是由岩浆岩、沉积岩和变质岩组成的。**"

陆陆说："是的。**岩浆岩就是岩浆活动的产物。岩浆岩有两种类型，一种是侵入岩，另一种是喷出岩。当岩浆岩沿着地壳薄弱的地方喷出时，在地壳中冷凝并形成的岩石就是侵入岩。**"

陆陆打开携带的微型电脑，将之前准备的资料展示给伙伴们看，"你们看，花岗岩和橄榄岩就属于侵入岩，它们的特点就是硬度高、耐磨，抗压强度高，所以多用于建材。**喷出岩就是岩浆喷出地表后在地表冷凝而成的岩石**，玄武岩、流纹

侵入岩分为浅成侵入岩和深成侵入岩。

喷出岩快速冷却，易形成隐晶质和玻璃质。

浅成侵入岩冷却较快，微晶质、细颗粒矿物居多，但肉眼依然可辨。

深成侵入岩缓慢冷却，从而有时间结晶，矿物颗粒粗大。

岩和安山岩就属于这类岩石。此类岩石常具气孔状、杏仁状构造和斑状结构。"

洋洋在旁边补充道:"北爱尔兰的旅游景点'巨人之路'就是由4万多根大小不均匀的玄武岩石柱组成的。而且玄武岩还是极好的建筑材料。地表岩石的风化物和一些火山喷发物,经过流水或冰川搬运、沉积和造岩作用就形成了沉积岩。"

陆陆点点头:"洋洋说得没错,因为沉积岩是一层一层堆积而成的,所以具有层理结构,比如石灰岩和砂岩、页岩都属于沉积岩。地球表面有70%的岩石都是沉积岩,沉积岩里含有丰富的矿产资源,占世界矿产蕴藏量的80%。而且古生物化石就存在于沉积岩中,所以它是判定地质年龄和研究古地理环境的珍贵资料哦。"

"哇,这样看来沉积岩还真是一个宝藏库呢!"文文感叹道。

▼ 巨人之路
1986年被列为世界自然遗产。

风、流水、冰川、海浪等外营力将少部分风化物留在原地,绝大部分搬运到地势低洼的地方,沉积下来的松散堆积物结成岩石。

因为早期人们最早发现的沉积现象位于河流、湖泊或海洋中,所以沉积岩又被称为水成岩。

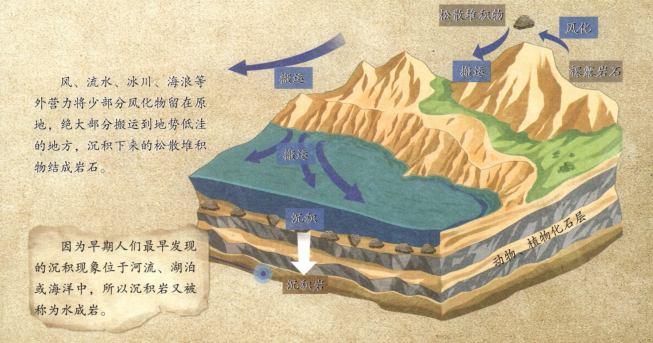

变质岩的产生

陆陆说:"最后是我今天要采集的变质岩,这种岩石是**在高温高压下,岩石原有的结构或者矿物成分发生改变而形成的新的岩石。**比如说大理岩、板岩、石英岩都属于变质岩。"

"也就是说,变质岩在变质之前可以是任何一种岩石?"文文惊讶地问。

陆陆点点头,说道:"没错,岩石变质需要高温高压,所以变质不会发生在地表,而是发生在地下的深处。我们平常见到的大理石就属于变质岩。"

"怪不得现在很多装修都用大理石呢,它在极端的条件下生成,物理特性肯定更突出。"文文忍不住又说,"那变质岩会不会又因为某些条件变回去?"

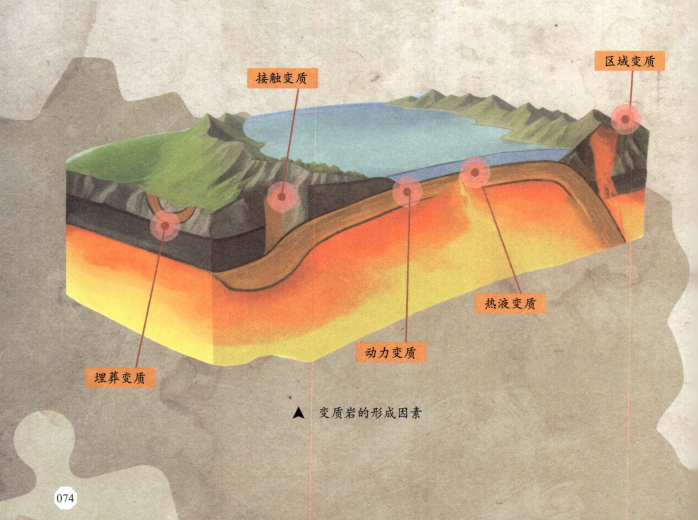

▲ 变质岩的形成因素

"这就要说到三大岩石的相互转化了。"陆陆边说,边把岩石之间的转化动态图展示给大家看,"岩石相互转化的过程就是岩石圈的物质循环过程。"

穿山甲号在完成取样任务后,炎黄带着文明守护者小队的少年们安全返回地面。

▲ 岩石圈的三大类岩石相互转化

组成岩石圈的六大拼图

"不管地下有多少数不尽的宝藏,但是我还是觉得地面最好,脚踏大地,安全感倍增。"回到地面的文文说。

"你所站的大地就是岩石圈的一部分——欧亚板块。"陆陆笑嘻嘻地说。

"嘿嘿,我知道。"文文说,"法国的地质学家萨维尔·勒皮雄在1968年将岩石圈划分成欧亚板块、太平洋板块、美洲板块、非洲板块、印度洋板块、南极洲板块这六大板块。"

"咱们顺便把六大板块的数据收集一下吧。"洋洋提议道。

"没问题。"陆陆摆出一个"OK"的手势后,打开穿山甲号上的车载电脑说,"欧亚板块包括北大西洋东半部、欧洲及亚洲;美洲板块包括北美洲、北大西洋西半部及格陵兰、南美洲与南大西洋西半部;非洲板块包括非洲、南大西洋东半部;太平洋板块包括大部分的太平洋以及美国南加州海岸地区;印度洋板块包括阿拉伯半岛、印度半

组成岩石圈的六大板块

地球板块的分布

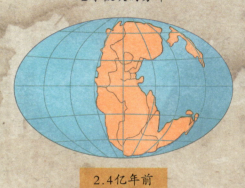

2.4亿年前

1.8亿年前

600万年前

岛、澳大利亚大陆、新西兰及大部分的印度洋；南极洲板块则包括南极洲和周围洋面的板块。"

活动的板块

文文说道："板块内部的地壳比较稳定，板块与板块的交界处地壳活跃，世界上的火山、地震都集中在板块的交界处。比如说冰岛，因为处于欧亚板块和美洲板块的交界处，所以经常发生地震和火山喷发活动，最高纪录是一天地震了1400次。"

"这也太可怕了。"其他成员惊声道。

过了一会儿，天天说道："因为这些板块都漂浮在可以流动的软流层之上，所以这些板块也不是固定不动的，反而会随着软流层的运动进行相应的水平运动。当板块运动时，便会出现大陆漂移的现象。"

小贴士

"大陆漂移"是由德国科学家阿尔弗雷德·魏格纳提出的。

沧海桑田的转变

"这个我知道,各大板块每年可以水平移动5～10厘米。"洋洋说,"据说澳大利亚所在的印度洋板块每年移动的速度约为6.85厘米,这就导致它们国家经常要调整自己的经纬度。"

"感觉各大板块就像拼积木一样,既可以拼在一起,又可以拆开,几亿年以后,会不会所有的大陆又都拼在一起,变成一个整体?"文文猜测道。

"不排除有这种可能。"天天说,"但是板块运动跟拼积木还是多有不同的,因为板块可能会发生张裂或者碰撞。"

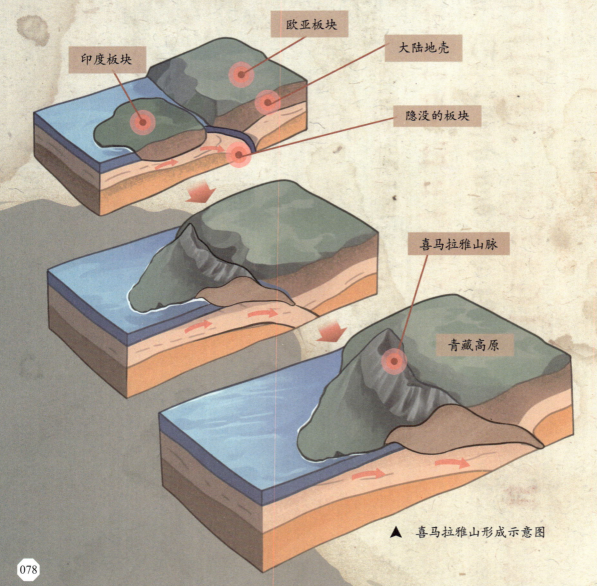

▲ 喜马拉雅山形成示意图

洋洋点点头:"确实是这样,如果板块相向运动,那就会发生碰撞,如果是大陆板块与大陆板块碰撞,就会形成巨大的山脉,比如世界最高峰珠穆朗玛峰就是由欧亚板块和印度洋板块碰撞形成的。"

"不光如此。"陆陆补充道,"大陆板块相互碰撞还可能使海洋缩小,比如地中海,它位于欧亚板块和非洲板块之间,两大板块发生碰撞挤压,所以导致地中海的面积不断缩小。如果是大陆板块与大洋板块碰撞,因为大洋板块相对较低,所以大洋板块会向下俯冲到大陆板块之下,从而形成一个很深的俯冲地带,也就是海沟、海岸山脉和岛弧。"

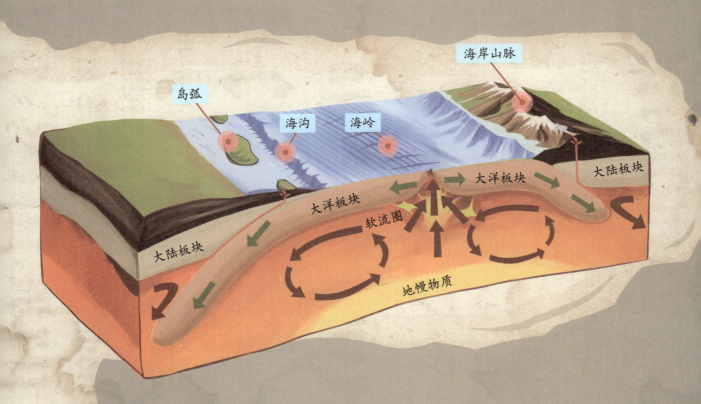

▲ 大陆板块和大洋板块碰撞会形成岛弧和海岸山脉。岛弧通常出现在板块边界的海洋区域,是由俯冲带上的岩石板块发生挤压和折叠而形成的弧状地质构造。海岸山脉则是形成于陆地和海洋交界处的山脉,是由地壳板块运动引起的构造活动。

板块间的背离

"对对对，就是这样。"洋洋说道，"板块如果相背而行，就会发生板块张裂。板块张裂的部分一般会形成海洋和裂谷。最有代表性的就是大西洋和东非大裂谷。大西洋正处于非洲板块、欧亚板块与美洲板块之间，这三个板块在板块运动中相背而行，使非洲、欧洲和美洲分离，形成了大西洋。东非大裂谷则是由非洲板块和印度洋板块张裂运动而形成的。"

▼ 板块相背运动示意图

陆陆说："东非大裂谷全长超过6000千米，宽度通常都在几十千米，最宽处可达200千米，最深处则能达到2千米。据测量，东非大裂谷每年都在以几毫米甚至几十毫米的速度加宽。"

文文突然意识到一个问题——如果东非大裂谷一直扩张，那么它撕裂出一个新的大洲只是时间的问题！

小贴士

世界上一共有4个主要火山带，分别是环太平洋火山带、地中海火山带、大西洋海岭火山带和东非火山带。

第X件宝物的自白

我叫红海，实际上是东非大裂谷的一部分。由于我位于非洲板块与印度洋板块的生长边界，所以我不断地扩大，目前我每年以大约1厘米的速度在不断扩张。

▼ 东非大裂谷张裂示意图

东非大裂谷

"你的判断没错。"陆陆说,"已经有科学家预言,2亿年后东非大裂谷将会把非洲板块撕裂成两部分,形成一个独立的大洲。到那时候,地球的板块将会是什么样,我们也无法确定,因为影响岩石圈板块运动的因素太多。"

"我只能感叹一句,大自然、地球、宇宙都太神奇了!"洋洋调皮地说。

"炎黄把资料都整理上传到超级电脑了,稍后我做成报告发送给地球居民。现在我们去海洋板块实地考察一下吧。"陆陆启动穿山甲号,向着大西洋的方向驶去。

报告

岩石圈是包括地壳全部和上地幔顶部的岩石圈层,由岩浆岩、沉积岩和变质岩组成。

地质学家将岩石圈分为六大板块:欧亚板块、太平洋板块、美洲板块、非洲板块、印度洋板块、南极洲板块。

当板块运动时,便会出现大陆漂移的现象。

板块之间会相向运动也会相背而行。

地球居民的回复简讯

沧海桑田只是时间的问题。

土壤与岩石圈 思维导图

土壤环境

土壤圈

土壤圈是覆盖在陆地表面和浅水地域的覆盖层

土壤的组成

- **固相土壤**：土壤中的固态物质由矿物质和有机质组成
- **液相土壤**：液相土壤其实就是指土壤中的水分
- **气相土壤**：气相土壤是指土壤中的空气

土壤圈的作用

它不仅支持生物的生长和发育，还参与全球的物质循环和能量流动，并对环境保护和农业生产具有重要意义

岩石圈
岩石圈包括地壳全部和上地幔顶部，厚6～120千米

岩石圈

六大板块
- 欧亚板块
- 太平洋板块
- 美洲板块
- 非洲板块
- 印度洋板块
- 南极洲板块

岩石圈的作用

岩石圈是人类的立足之地，为人类的生产生活提供矿产资源和环境资源

岩石圈的组成
- 变质岩
- 沉积岩
- 岩浆岩

Climate and Environment

地球上最大的动植物乐园

顶天立地的生物圈

"陆陆,你今天怎么这么早呢?"洋洋一大早就来到基地大厅,没想到陆陆已经在超级电脑前忙活起来了。

陆陆转头朝她笑了笑,手指仍然敲击着键盘:"前段时间,博士给我布置了个任务,让我整理生物圈的资料,这几天我一直都在做这件事。"

"生物圈啊。"洋洋走到陆陆身边坐下说,"因为涉及水圈,所以我也有所了解,可以给你提供一些资料哦!"

"真的吗?这两天我正着急呢!感觉资料太多,不知道从何下手。"陆陆挠挠头说。

洋洋拍拍陆陆的肩,轻声说道:"我明白,生物圈包括地球所有生物及其生存的全部环境,不仅是最大也是最复杂的生态系统,可不是难以整理嘛。"

陆陆点点头:"你说得没错,这可是一个上到大气层的底部,下到岩石圈的表面,中间还包括水圈的一个超大的连续圈层。生物圈与这几个圈层之间关系紧密,可以说这几个圈层相辅相成、缺一不可。"

洋洋说:"是的。比如,生物圈中的植

物通过吸收水圈中的水分和岩石圈中的营养来获得生长，又通过光合作用吸收大气圈中的二氧化碳并释放出氧气。所以说，地球上的每一个生命都应该感谢生物圈，是它为所有生物提供了基本的生存条件，比如水、阳光、空气、适宜的温度、营养物质和一定的生存空间。因为有了它，地球才能变得这样充满活力、多姿多彩。"

"洋洋说得对。"天天走进来说道，"生物与环境之间相互影响、相互制约，组成了大大小小的生态系统。"

"你说得没错。"陆陆对天天的话表示肯定，继而说，"环境中直接影响生物生活和分布的因素就是生态因素。生态因素又分为非生物因素和生物因素两类。所有生物的生活都受到非生物因素的影响。比如香蕉就必须生长在热带环境中，鱼无法在陆地上生活，等等。而生物因素就是生物与生物之间存在的关系，包括种内关系和种间关系。种内关系就是同种生物之间的相互作用，包括种内斗争和种内互助；种间关系是指不同种生物之间的相互作用，包括捕食、竞争、寄生、共生等。"

"生物圈要研究的东西多着呢！"洋洋说。

"是啊，一起加油吧！"陆陆大声地说。

生物圈是生物和环境构成的一个统一的整体。

生物圈中的成员们

"叮,收到新邮件……"

4位文明守护者小队员纷纷放下手中的研究工作,迫不及待地走到超级电脑前。天天一边打开邮件一边兴奋地说:"这一定是地球居民的回复邮件。"

"快看看他们写了些什么?"洋洋也按捺不住心中的好奇,急切地说。最近一段时间,少年们经常通过邮件的方式解答地球居民提出的各种问题,因此,每一次收到邮件,他们都充满了期待。

"文明守护者们,你们好!你们之前搜集的资料,我们全都看过了,惊喜满满,收获很多。现在我们特别想了解地球特有的生命圈层——生物圈,你们能替我们探索一次吗?"天天念着邮件的内容,脸上洋溢着笑容。

陆陆一听,顿时喜形于色,高兴地拍了拍胸脯:"包在我们身上!"

洋洋恍然大悟地说:"看来林非博士早有先见之明呢!他前几天就让陆陆准备了生物圈的研究资料。"

陆陆打开地球的全息投影,说道:"那我们就详细地为地球居民做一份关于生物圈的报告吧。"

生物圈的范围

随着陆陆将资料输入，超级电脑开始自动播报："生物圈的范围包括大气圈的底部、水圈大部和岩石圈的表面，厚度大约为20千米。人们一般以海平面为标准，向上10千米，向下10千米的范围就是生物圈的范围。"

"最接近地球的对流层离地面有8～18千米，越往上氧气、水分越稀少，还有低温低压的情况，所以生物大多生活在对流层以下。而鸟类一般在1000米左右的空中活动。"天天补充道。

"鲁佩尔秃鹫是飞得最高的鸟类，它们可以在11300米的高空中飞行。"陆陆说。

"哇，这种秃鹫太厉害了。"文文说道。

"只能说，生物太神奇了。"天天赞同地点点头。

▲ 鲁佩尔秃鹫是飞得最高的鸟类。1973年11月29日，一架商用飞机在西非上空11300米高度处撞上了一只鸟。发动机中的羽毛表明它是鲁佩尔秃鹫，这一纪录至今也没有被打破。

生物的生存环境

超级电脑继续播报陆陆输入的资料："岩石圈的表面是一切生物的'立足点',而且生物种类最多,不仅有人类、动植物,还有大量的细菌和真菌,但是大多数生物都生存在土壤上层的几十厘米以内。"

"这跟地下缺氧、缺光的原因有关。"天天说。

"天天说得没错,光、水分、氧气对于生物来说非常重要。"洋洋说,"比如水圈的大部分生物主要生活在距离海平面150米以内的水层中,150米以下的水层因为缺光,所以仅有少量的生物生活。"

光照区

海底区

深海区

小贴士

科学家在非洲一个地下2800米深的金矿区里发现了不需要阳光和氧气生活的细菌——金矿菌。

生物在生态系统中的角色扮演

"生物的种类有那么多,无非是分为三大类,"文文也加入话题,"生产者、消费者和分解者。"

陆陆向超级电脑输入内容:"**生产者主要是绿色植物,它们能通过光合作用将阳光、水和二氧化碳转化为有机物,为自身或其他生物提供能量和物质基础。消费者主要是各种动物,它们直接或者间接以植物为食,通过摄食其他生物来获取能量和营养。**"

洋洋补充道:"虽然动物都是生态系统中的消费者,但因为它们取食地位和食性不同,所以又分为一、二、三级消费者。一级消费者就是以植物为生的食草动物,二级消费者则是以食草动物为食的食肉动物,三级消费者则是以吃食肉动物为生的大型或终极食肉动物。"

文文接过话茬:"比如虫吃树叶,鸟吃虫,鹰又吃鸟。这里面树叶是生产者,虫、鸟、鹰都是消费者。虫就是一级消费者,鸟是二级消费者,鹰则是三级消费者。"

看着生物圈的资料生成的VR场景越来越多,陆陆接着输入:"生产者和消费者之间这种吃与被吃的关系,我们称为食物链。在一个生态系统中,往往有很多条食物链,它们彼此交错连接,形成了食物网。"

▲ 食物网

食物网越复杂,可捕食的范围越大,生态系统抵抗外力干扰的能力就越强。反之,食物网越简单,可捕食范围越小,生态系统就越容易受到波动,甚至是毁灭。

生物圈的分解者

"咱们是不是把分解者给忘了?"文文提醒道。

"怎么可能把它们给忘掉呢!"陆陆笑嘻嘻地说,"分解者主要是微生物,如细菌、真菌等,它们能将死亡的生物体和有机废物分解为无机物,为生产者提供养分。如果没有它们,动植物的尸体会堆积成山,而且有机质不能被分解,物质循环也就终止了,整个生态系统都会崩溃的。"

"生物圈中的任何一个角色都是生态系统健康稳定的重要因素。"洋洋说。

"对!也包括人类。"天天说。

生态系统的类型包括森林生态系统、草原生态系统、湿地生态系统、淡水生态系统、农田生态系统、海洋生态系统、城市生态系统等。

分解者 ▲
主要是微生物,如细菌、真菌等,它们能将死亡的生物体和有机废物分解为无机物,为生产者提供养分。

第X件宝物的自白

我是全寄生植物菟丝子,虽然我是植物,但我不是生产者,而是消费者,我没有叶绿体,无法自己合成营养,只能依靠吸取其他植物的营养存活。

陆陆回答:"当然,人类也是生物圈的一部分,从自然人的角度来看,人类扮演着消费者的角色。"

"我们人类应该更加珍惜生物圈,保护好这个家园。"洋洋感慨道。

"没错,我们要共同努力,让生物圈更加美好。"文文认同地说。

资料输入完毕,陆陆按下生成报告按钮。伴随着超级电脑发出"报告已发送"的通知,少年们相视一笑。

小贴士

人类具有自然属性和社会属性的双重属性。人群及其环境构成的多级系统,即由自然系统和社会系统组成的复合体,被称为"人类生态系统"。

水和无机盐

报告

生物圈的范围包括大气圈的底部、水圈大部、岩石圈表面。

生物分为生产者、消费者、分解者。

生产者主要是绿色植物,它们能通过光合作用将阳光、水和二氧化碳转化为有机物,为自身或其他生物提供能量和物质基础。

消费者主要是各种动物,它们直接或者间接以植物为食,它们通过摄食其他生物来获取能量和营养。

分解者主要是微生物,如细菌、真菌等,它们能将死亡的生物体和有机废物分解为无机物,为生产者提供养分。

环境中直接影响生物生活和分布的因素是生态因素。生态因素又分为非生物因素和生物因素两类。

 地球居民的回复简讯

我们一定减少污染,善待动物,共同维护生物圈的生态平衡和稳定。

多姿多彩的生态系统

文明守护者小队正在打扫基地卫生。

文文一边擦拭着鱼缸,一边兴奋地说:"看这些小鱼儿,它们在水里自由自在地游来游去,真让人羡慕啊!"

天天也连连点头:"是啊,尤其是那些孔雀鱼,不仅长得漂亮,性格还特别温和。"

洋洋凑过来说:"鱼儿的适应能力真强,既能在广袤的湖泊和海洋中畅游,也能在小小的鱼缸里悠然生活。"

这时,陆陆放下手中的抹布,一本正经地说:"这可不是因为鱼儿的适应能力强,而是因为水族箱其实就是一个微型的生态系统。只要建立了生态系统,生物就能存活。"

生态系统的构成

文文恍然大悟:"哦,这个我记得!上次你说过,**生态系统就是在一定自然区域内,所有生物及其生活环境共同构成的整体。**"

"记忆力不错嘛!"陆陆点点头,"**生物就是我们前面所说的生产者、消费者和分解**

者,生活环境就是非生物部分,也就是能为生物提供物质和能量的东西,比如阳光、空气、水、土壤等。在一个完整的生态系统中,生物和非生物部分是必不可少的。"

"我知道了。"文文说,"水族箱中的水草是生产者,鱼类是消费者,细菌就属于分解者,非生物部分有水和空气。"

"文文说得太对了。"洋洋夸赞道,"地球上的生态系统有很多个,比如森林生态系统、草原生态系统、海洋生态系统、淡水生态系统、农田生态系统、冻原生态系统、湿地生态系统、城市生态系统等。"

陆陆补充道:"森林生态系统、草原生态系统、农田生态系统、冻原生态系统、城市生态系统都属于陆地生态系统,海洋生态系统、淡水生态系统、湿地生态系统则属于水域生态系统。"

"这也太有趣了,快给我们详细说一说吧!"文文迫不及待地说。

森林生态系统

草原生态系统

山地生态系统

沙漠生态系统

湿地生态系统

海洋生态系统

森林生态系统

"没问题。"陆陆开心地科普起来,"**森林生态系统指以乔木为主体的森林生物群落(即生物部分)与非生物环境之间相互作用,并进行能量转换和物质循环流动的综合生态体系。**"

"看来,有森林的地方就有森林生态系统。"文文说道。

"是这样的。"陆陆接着说:"森林生态系统主要分布在湿润或较湿润的地区。比如,热带的热带雨林生态系统、亚热带的常绿阔叶林生态系统、温带的落叶阔叶林生态系统、寒温带的针叶林生态系统,都属于森林生态系统。"

"森林生态系统分布的范围真广啊!"天天感叹道。

陆陆笑着说:"**森林生态系统可是陆地生态系统中面积最大的。不仅如此,它还是生物圈中能量流动和物质循环的主体,以及生产力最高的生态系统。**森林里的草木通过光合作用,每天消耗大量的二氧化碳,释放出大量的氧气。除此之外,它们还可以阻挡风沙,涵养水源,在调节气候、减缓全球变暖、应对自然灾害等方面也发挥着重要作用,所以森林有'绿色水库'之称。"

▲ 森林生态系统的植物以乔木为主;动物生活习性以树栖攀缘生活为主,在形态结构上形成了抓、缠、猎食、躲藏等特征。

草原生态系统

"草原生态系统是不是就没有森林生态系统的分布广泛?"文文问道。

"草原生态系统约占陆地总面积的20%,仅次于森林生态系统。"陆陆说,"草原生态系统主要分布在欧亚大陆、南北美洲、非洲以及澳大利亚的较干旱地区。这类生态系统的形成与气候、地形、土壤等多种因素密切相关。"

洋洋接着说:"正因降水量不足,草原生态系统中的生物群落较为简单。草原生态系统中,植物以草本植物为主,动物则以能适应干旱气候并运动迅速的有蹄类和穴居的啮齿类为主,如羚羊、跳鼠等。草原地区的土壤通常富含养分,但由于降水量不足,这些养分往往无法被充分吸收和利用。"

陆陆提高了声音说:"虽然草原生态系统中动植物种类较少,但是它不光是畜牧业的主要生产基地,具有极大的经济价值,还是大自然重要的生态屏障,具有调节气候、涵养水源、防止风沙侵蚀等功能。"

▲ 草原生态系统的特点是广阔的开放空间,以草为主;类型包括温带草原生态系统、热带稀树草原生态系统、高山草原生态系统、山地草原生态系统。

多种类型的海洋生态系统

洋洋说:"既然陆地生态系统中,森林和草原生态系统都如此重要,那我也来重点说说水域生态系统。"

"海洋是孕育生命的摇篮,其面积覆盖了地球表面的70%以上,地球上80%的动物都生活其中。海洋生态系统应该是生物圈中最大的生态系统吧?"文文有点不确定。

▼ 红树林生态系统

是由生长在热带海岸泥滩上的红树科植物与其周围环境共同构成的生态功能统一体,有"海岸卫士""海洋绿肺"的美誉。

◀ 海草床生态系统

海草床生态系统是由被子植物在海水或半咸水下聚集生长形成的海底草甸生境及生存其中的生物组成的生态系统,仅分布于沿海浅水区。

"没错！"洋洋说，"从寒冷的极地水域到温暖的热带海洋，全球范围内的海洋生态系统有多种形式，典型的有珊瑚礁生态系统、红树林生态系统、海草床生态系统、海藻场生态系统，当然还不能少了盐沼生态系统和极地生态系统等。"

"太令人惊叹了，海洋生态系统竟然有如此多的类型！"文文震惊道，"盐沼和极地生态系统，我竟然从没把它们与海洋联系起来过。"

▼ 海藻场生态系统

海藻场生态系统是沿岸潮间带下区和潮下带水深30米以内，浅硬质底区的大型底栖藻类与其他海洋生物群落共同构成的一种典型近岸海洋生态系统，广泛分布于冷温带以及部分热带和亚热带海岸。

◀ 珊瑚礁生态系统

珊瑚礁生物群落是由活珊瑚、死亡珊瑚的骨骼及其他礁区生物共同组成的聚集体。珊瑚礁还是天然的海岸屏障，具有防浪护岸和环境调节的生态功能。

洋洋说:"盐沼主要分布于海滨和河口地带,由海水和淡水交替作用而形成,在水质、土壤、植被和动物各方面与其他沼泽类型都有明显的差别。在海潮和河流的共同作用下,盐沼逐渐形成并演变成一个独特的生态系统。当海水涨潮时,盐沼被淹没在海水中,接收了丰富的海洋营养物质;当海水退潮时,盐沼又露出水面,接收了陆地上的营养物质。这种周期性的潮汐作用,使得盐沼内的生物既能享受海洋的滋养,又能得到陆地的供给。"

"所以盐沼中有许多盐生动植物和飞禽,资源丰富。"陆陆肯定地说。

▲ 盐沼生态系统

盐沼生态系统是受周期性潮汐运动影响的滨海或岛屿边缘区域的滩涂与盐生生物共同构成的生态系统。

▲ 南极生态系统

"文文,你为什么没有把极地生态系统归为海洋生态系统大类呢?"洋洋疑惑地问。

"嘿嘿,我只想到冰川是淡水,没想到极地的大面积是海洋。"文文不好意思地说。

"难怪!"陆陆看出了文文的尴尬,赶紧另找话题,"我们来说说两极的生态系统吧。"

洋洋说:"虽然南北两极分布在地球的两个顶端位置,但是南极是一个被大洋环绕的大陆,而北极是一个被大陆围绕的海洋盆地。因此在生态系统上有着显著的差异。"

陆陆说:"北极的植物主要由苔藓、地衣,以及较少的短期生灌木和多年生草本植物组成,有海冰生长期和消融期之分。人们可以在北极附近的陆地上看到各种各样的动物群。而南极大陆几乎全部被厚厚的冰盖遮住,植被极少,除了企鹅也少见其他陆生动物。"

文文语气凝重地说:"由于极地地区的气候条件极端,生物种类相对较少,生态系统的稳定性和复杂性较低,因此极地生态系统既独特又脆弱,一旦被人类破坏,想要恢复简直比登天还难。"

"是的,极地生态系统在地球气候和水文演化中起着重要作用,它们对全球气候和水资源分布有很大的影响,不可忽视。"洋洋严肃地说。

▲ 北极生态系统

极地生态系统

极地生态系统包括南极生态系统和北极生态系统。

淡水生态系统

"没错,"陆陆肯定地说,"地球上的每一个生态系统都是不可或缺的存在。淡水生态系统在地球生物圈中也扮演着至关重要的角色。虽然淡水生态系统面积相对较小,但其生物多样性和生态功能丝毫不亚于海洋生态系统。"

"是的。"洋洋点点头说道,"淡水生态系统为许多物种提供了生存和繁衍的条件,这些物种包括水生植物、浮游生物、底栖生物和鱼类等。它们在淡水生态系统中形成了一个完整的食物链,维持着生态系统的稳定。还有,淡水生态系统虽然不能像海洋生态系统一样调节全球的气候,但是可以调节区域气候,通过蒸发和水汽输送为大气提供水分,影响气候格局。并且淡水生态系统中的生物群落可以有效地去除水体中的有机物、营养物质和污染物,维持水体的水质稳定。"

陆陆接着说:"淡水生态系统与人类生活息息相关。许多人类活动依赖于淡水资源,如农业、工业和日常生活用水。正是因为它为人类提供了源源不断的水源,才保障了人类生活的正常进行。"

洋洋接着话题继续说:"淡水生态系统不光对人类很重要,还对维护生态平衡和生物多样性具有重要意义。因为它是许多珍稀濒危物种的栖息地,一旦淡水生态系统遭到破坏,这些物种的生存将受到威胁,进而影响整个生态系统的稳定。"

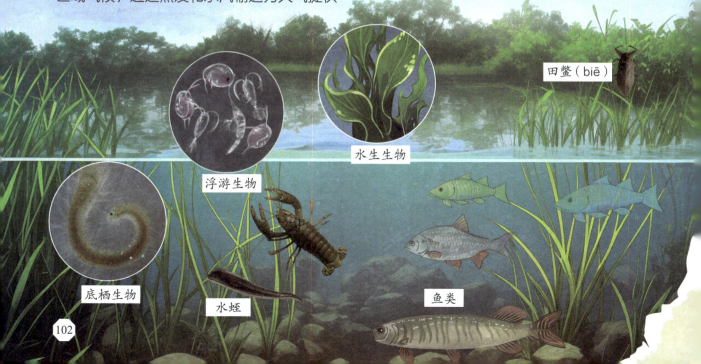

田鳖(biē)

水生生物

浮游生物

底栖生物　水蛭　鱼类

溪流

池塘

江河

湖泊

淡水生态系统有许多种，包括溪流、池塘、江河、湖泊等，溪流和池塘里的水有大部分来自地下涌出的泉水，而河流和湖泊中的水大多数来自降雨和融雪。

湿地生态系统

"确实如此，"陆陆赞同道，"水域生态系统中的**湿地生态系统**也同等重要，它与**森林生态系统、海洋生态系统**并称全球三大生态系统。"

文文说："我知道湿地被誉为'地球之肾'，具有调节气候、净化水质、固碳等重要功能。而且湿地生物多样性丰富，与淡水生态系统一样是许多水生生物的家园。"

洋洋说："湿地就是指地表过湿或常年积水，生长着湿地植物的地区。湿地生态系统兼有水域和陆地生态系统的特点，具有独特的结构和功能。"

天天迫不及待地说道："我也知道广阔众多的湿地不仅物产丰富，而且风景秀丽，适合发展旅游业呢！"

娱乐

栖息地

湿地

食物

雨水调节

水源清洁

水源供给

小贴士

世界上最大的湿地——潘塔纳尔沼泽地，位于巴西中部，面积高达2500万公顷。

农田生态系统

"如果说前面几种生态系统是自然产生的,那农田生态系统则是人类为了满足粮食需求,通过耕种、施肥、灌溉等手段创造出来的。"洋洋说,"农田生态系统以农作物为主体,动植物种类相对较少。"

"没错,"陆陆接着说,"**农田生态系统中的作物、土壤生物和农业景观等组成部分,都在相互作用、相互依赖。农田生态系统**不仅提供了食物,还在自然生态系统和城市生态系统之间形成一道屏障,为自然生态系统中生物的扩散提供空间。一旦这个系统出现问题,比如过度施肥、滥用农药等,不仅会导致粮食产量下降,还会引发土壤污染、生物多样性丧失等严重问题。所以实施生态农业相当重要哦。"

▲ 凡拥有10万以上人口，住房、工商业、行政、文化娱乐等建筑物占50%以上面积，具有发达的交通线网和车辆来往频繁的人类集居的区域，即可称为城市生态系统。

▲ 在城市生态系统中，社会子系统是主导，自然子系统是基础，经济子系统是命脉。

城市生态系统

"既然提到城市生态系统了，那我来说说这个独特的人工生态系统。"文文解释道，"城市生态系统主要是指在城市空间范围内，居民与自然环境和人工建造的社会环境相互作用形成的统一体。城市生态系统以人的生产和生活活动为核心，由自然子系统、社会子系统和经济子系统组成。自然子系统为城市提供了必要的生态服务，如清洁空气、水源保障、气候调节等。社会子系统为城市居民提供了生活所需的各种服务，保障了城市的正常运行。经济子系统是城市生态系统的核心部分，它的发展直接关系到城市的繁荣和稳定，同时也对自然子系统产生影响。"

天天说："看来城市生态系统是由这3个子系统组成的复合生态系统，复杂而有序，3个子系统不仅相辅相成，还相互制约呢。"

"没错。"文文总结道，"各种生态系统都在为人类的生存和发展提供支持。我们需要珍惜和保护好这些生态系统，让地球上的生命得以延续。同时，也要提高自身环保意识，倡导绿色生活，共同为维护地球生态平衡和可持续发展贡献力量。"

冻原生态系统

"你们是不是把陆地生态系统中的冻原生态系统给忘了?"天天问道。

"怎么可能会忘呢!"洋洋笑着说,"冻原生态系统也被称为苔原生态系统,是由极地平原和高山苔原的生物群落与其生存环境所组成的综合体。主要分布在地球的两个极端:北极和南极。它是地球上最冷、气候最恶劣的生态系统之一。它的特点就是气候寒冷,年降水量少,最热的月份平均气温都在10℃以下。"

陆陆点点头,说道:"因为这里的土壤下面都有永冻层,所以即使在夏季,土壤也只能解冻到地下15~20厘米处。因此这里的植物和动物种类较少。植物都具有抗旱和抗寒的特点,比如苔藓、地衣、多年生草类和耐寒小灌木等。动物较为贫乏,比较典型的有麝(shè)牛、驯鹿、狼、熊、雪鸮(xiāo)、雪兔、雷鸟等。"

永冻层是指土层下面永久处于冻结状态的岩土层,最深可达几千米。通常分为上下两层:上层每年夏季融化,冬季冻结,称活动层;下层常年处在冻结状态,称永冻层或多年冻层。

第X件宝物的自白

我是旅鼠,一般生长在苔原地区。我们繁殖能力惊人,从春季到秋季能由2只繁衍出百万只的旅鼠队伍。我们身上有许多人类费解的谜团,等着慢慢被解答。

"以前居住在冻原的因纽特人可真厉害。"天天感叹道。

"是的。"文文接着又说,"以前那里只有他们居住,对冻原的影响很小。不过现在人类已经对一部分冻原进行开发,冻原生态系统开始受到影响。冻原生态系统要从变化或破坏中恢复过来是很慢的,低温也大大妨碍了废弃物的降解和植被自然发生的演替过程。因此,在开发过程中要特别注意环境保护问题。"

最后,陆陆总结道:"人为因素是造成生态平衡失调的主要原因,环境保护任重而道远。我们赶紧把生态系统的相关资料做成报告发送给地球居民吧,希望他们能对生态系统有更深刻的认识,并意识到环境保护的重要性。"

报告

生态系统是由生物群落及其生存环境共同组成的动态平衡系统,包括森林生态系统、草原生态系统、海洋生态系统、淡水生态系统(分为湖泊生态系统、池塘生态系统、河流生态系统等)、湿地生态系统、农田生态系统、城市生态系统、冻原生态系统。

地球最大的生态系统是生物圈,人类主要生活在以城市和农田为主的人工生态系统中。

地球居民的回复简讯

让我们携手共进,珍惜和保护好这些生态系统,实现人与自然的和谐共生。

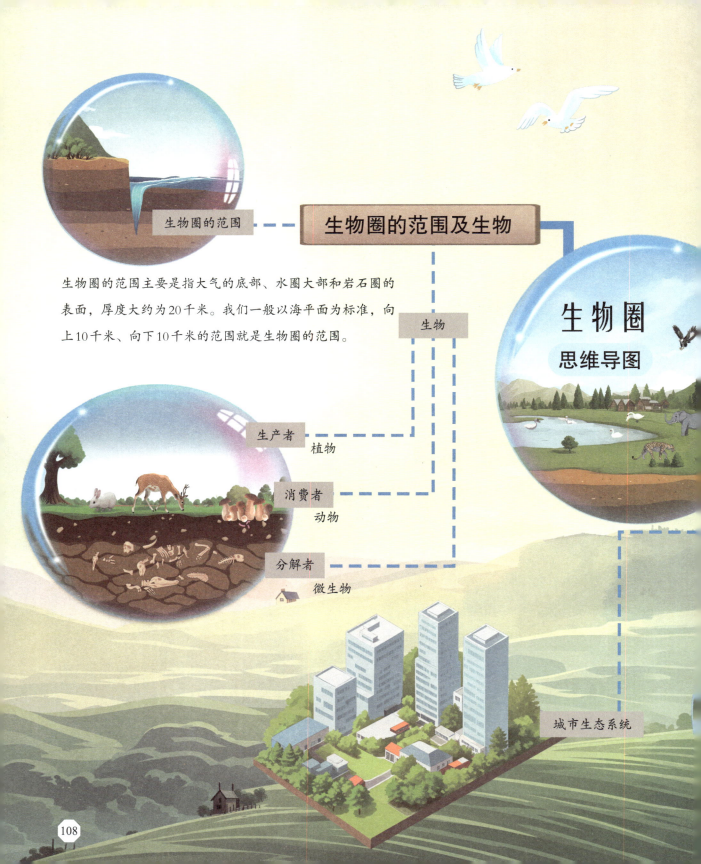

生物圈 思维导图

生物圈的范围及生物

生物圈的范围

生物圈的范围主要是指大气的底部、水圈大部和岩石圈的表面，厚度大约为20千米。我们一般以海平面为标准，向上10千米、向下10千米的范围就是生物圈的范围。

生物
- 生产者——植物
- 消费者——动物
- 分解者——微生物

城市生态系统

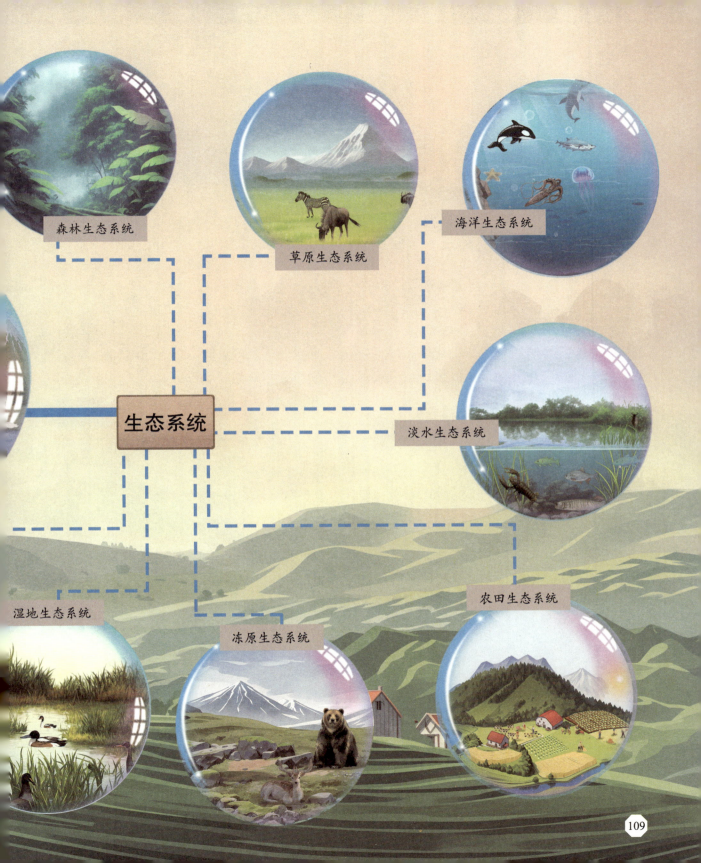

Climate and Environment

受太阳青睐的热带气候

无季节之分的热带气候

今天，少年们刚到基地大厅，林非博士就发来了视频通话，因为前段时间林非博士完成了一个大项目，现在正在非洲旅行呢！

少年们和林非博士问好，并让他安心旅游，不用担心基地的情况。

视频通话结束后，陆陆羡慕地说："我们的棉服还没脱，但是博士已经穿短袖了，我也好想去非洲旅游。"

"博士去的是赤道附近的热带地区，常年温度都在 24～27℃，不用担心寒冷，等下个冬天我们也可以去。"洋洋说。

"我不想去非洲，我想去热带其他地方。"文文说道。

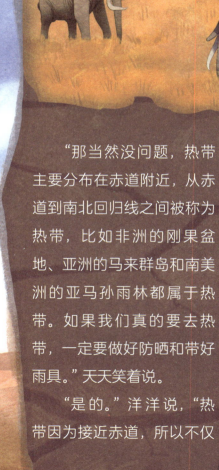

热带草原气候

热带沙漠气候

"那当然没问题，热带主要分布在赤道附近，从赤道到南北回归线之间被称为热带，比如非洲的刚果盆地、亚洲的马来群岛和南美洲的亚马孙雨林都属于热带。如果我们真的要去热带，一定要做好防晒和带好雨具。"天天笑着说。

"是的。"洋洋说，"热带因为接近赤道，所以不仅日照强、日照时间长，而且温度高，降水也是非常丰富的。如果不做好防晒，当心被晒脱皮。"

天天点点头说："热带的某些地区降水非常丰富，年降水量一般都在2000毫米以上，有时候高达3000毫米，要知道普通地区一般年降水量才几百毫米。"

"不过热带虽然全年无明显的四季之分，但是那里下雨和不下雨的时间比较集中，所以有很明显的雨季和旱季。这种气候非常适合热带植物的生长，因此热带地区的植被种类比较丰富，比如棕榈树、椰子树、猴面包树等。"陆陆补充道。

热带雨林气候

热带季风气候

"热带降水量丰富，为什么非洲北部还常年干旱呢？"文文问道。

"这是因为热带气候有热带雨林气候、热带草原气候、热带季风气候以及热带沙漠气候4种类型。"天天回答道，"而非洲北部是撒哈拉沙漠地区，属于热带沙漠气候。"

"看来我要想去热带旅游，还要好好地了解热带的相关知识呢！"文文笑着说。

热带雨林气候创造的绿色迷宫

吃完午饭，少年们又回到了基地大厅，陆陆笑眯眯地对大家说："我给大家准备了VR旅行惊喜。只要我们移步到多媒体放映厅，就能足不出户地去旅行啦。"

"我要去热带雨林气候地区旅行！"文文说完赶紧跑向多媒体放映厅，其他少年也嘻嘻哈哈地紧随其后。

"欢迎体验VR旅行，第一站热带雨林气候地区。请选择要前往的地区名称。"

随着提示音的开始，少年们正式进入虚拟世界。

热带雨林气候的分布

"我们先来看看热带雨林气候分布情况。"陆陆一边滑动选项，一边说，"热带雨林主要分布在赤道附近地区，赤道两侧南北纬10°之间。这里有南美洲的亚马孙河流域、非洲刚果河流域、几内亚湾北岸、马达加斯加岛东部、马来半岛南部、马来群岛、菲律宾群岛南部等。"

"怎么这些选项中还有不在南北纬10°以内的地区？"文文看着面前的屏幕说。

洋洋给出了解释:"有一些小面积地区,虽然不在南北纬10°以内,但因为符合热带雨林气候全年高温且年平均降水量达到1500毫米以上的条件,因此也被划分为热带雨林气候,例如,中国海南岛中南部、非洲马达加斯加的东南部、澳大利亚东北部、巴西东南沿海、中美洲东北部等。"

"那就选物种丰富的亚马孙河流域吧。"文文迫不及待地说。

刹那间,大家置身于亚马孙河流域的原始森林中,鸟兽之音不绝于耳,丰富多样的生物映入眼帘。

"热带雨林气候气温变化小,一般一年内各月平均温度在24~28℃,但是最高气温不会超过35℃,最低气温也不会低于18℃。在这样的地方住着一定很舒服。"文文说。

"不一定哦,"陆陆说,"因为这里**全年多雨**,年降水量高达2000毫米左右,雨量分配均匀,没有旱雨季之分,所以湿度也大。最重要的是这里气候变化非常单一,几乎每天都是早上晴朗,天气慢慢变得炎热,午后的一到两点就开始下雨,一直持续到黄昏雨停,接着天气稍微转凉。如果不喜欢寒冷,热带雨林气候是很好的选择,但是如果不喜欢潮湿就不太适合在这里生活。"

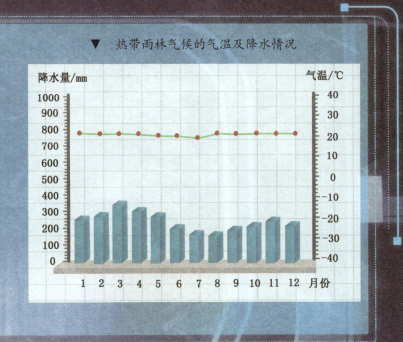

▼ 热带雨林气候的气温及降水情况

热带雨林气候的成因

"热带雨林气候是如何形成的呢?"文文问。

天天一边欣赏风景一边说:"主要是受太阳辐射的影响。热带地区太阳辐射强,常年高温,而且受太阳辐射的影响,赤道低压带盛行上升气流,所含水汽容易成云致雨。还有就是受地形和洋流的影响。"

"因为热带雨林气候温度适宜,降水充沛,所以物种丰富繁盛。仅高等植物就有45000种以上,植物的特征也很明显,森林一般呈深绿色,树种丰富,有明显的层次。常见的特征就是板根和茎花。"陆陆看着眼前浓密的森林说。

"板根我知道。"文文说,"这是热带雨林中乔木的突出特征。乔木比较高大,一般可达6米以上,像这样高大的树木本来根系要深入地下才能牢固,但是因为赤道附近多半是砖红壤,所以土壤黏重,根系难以扎入土中,而且常年多雨,所以植物的树根不用深扎入地下就可获得水分。而为了支撑起枝干,树根便向四周生长出状如翅膀的板块状根系,较大的板根能延伸到10多米宽呢!"

热带雨林是地球上最独特以及结构最为复杂的生态景观之一,以常绿阔叶林和落叶阔叶林为主,树木枝叶茂盛,高低层次明显。

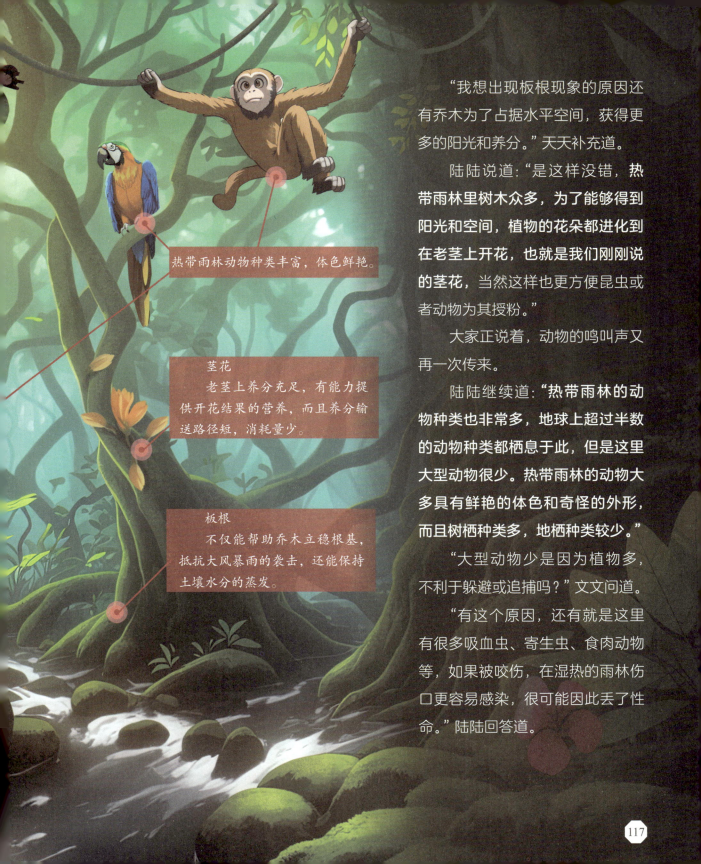

热带雨林动物种类丰富，体色鲜艳。

茎花
老茎上养分充足，有能力提供开花结果的营养，而且养分输送路径短，消耗量少。

板根
不仅能帮助乔木立稳根基，抵抗大风暴雨的袭击，还能保持土壤水分的蒸发。

"我想出现板根现象的原因还有乔木为了占据水平空间，获得更多的阳光和养分。"天天补充道。

陆陆说道："是这样没错，**热带雨林里树木众多，为了能够得到阳光和空间，植物的花朵都进化到在老茎上开花，也就是我们刚刚说的茎花，当然这样也更方便昆虫或者动物为其授粉。**"

大家正说着，动物的鸣叫声又再一次传来。

陆陆继续道："**热带雨林的动物种类也非常多，地球上超过半数的动物种类都栖息于此，但是这里大型动物很少。热带雨林的动物大多具有鲜艳的体色和奇怪的外形，而且树栖种类多，地栖种类较少。**"

"大型动物少是因为植物多，不利于躲避或追捕吗？"文文问道。

"有这个原因，还有就是这里有很多吸血虫、寄生虫、食肉动物等，如果被咬伤，在湿热的雨林伤口更容易感染，很可能因此丢了性命。"陆陆回答道。

热带雨林的重要性

"原来如此。"文文点头表示明白。

陆陆说:"热带雨林对地球和人类有多方面的功能。超过25%的现代药物就是由热带雨林的植物提炼的,所以热带雨林被称为'世界上最大的药房'。除此之外,热带雨林是全球最大的陆上供氧站和二氧化碳消纳处,有'地球之肺'的称号。"

"热带雨林果然是地球赐予人类最为宝贵的资源之一啊!"文文笑着说道。

"但是,"洋洋的声音开始低沉下来,"正因为雨林资源的丰富,生活在这里的人们为追求经济效益,肆意烧荒、开垦、采伐。加上雨林局部干旱导致大火频发,使得雨林面积萎缩。我们现在体验的亚马孙雨林就处于消失的威胁之中。"

关掉VR旅行,大家被拉回现实。

天天感叹道:"如此重要、美丽的雨林如果消失了,地球与人类将会如何,我们不难想象。所以,保护环境不光是说说而已,

第X件宝物的自白

我是热带雨林的特有物种蜜熊,因为我的外形和生活习性,常被人们误认成猴子或雪貂。我在此呼吁人类停止对我的猎杀。

需要人人付诸行动。我要赶紧把之前搜集到的热带雨林气候资料整理出来，发送给地球居民。"

"嗯！"大家用力地点头回应着。文明守护者不仅仅是环境的守护者，更是文明的传承者。

此刻，少年们觉得他们所做的一切意义重大，他们深知，每一次的行动都是对未来的一份承诺，每一份向地球居民发送的资料都在传递着一个信息：地球的未来，需要我们每一个人的参与和努力。

> **小贴士**
>
> 亚马孙雨林面积有700万平方千米。

报告

热带雨林气候主要分布在赤道附近地区，赤道两侧南北纬10°之间。

气候特征：全年高温、降水丰富。

影响因素：太阳辐射、洋流、地势等。

动植物特性：植物一般呈深绿色，树种丰富，有明显的层次；动物种类丰富，但大型动物较少，树栖种类多，地栖种类较少。

对生产活动的影响：被称为"世界上最大的药房"和"地球之肺"。

地球居民的回复简讯

我们无法想象一个没有森林的未来。

狂野的热带草原

"文文,如果要去非洲旅游,你最想看什么呢?"洋洋问道。

"嗯……"文文仰头思考了一会儿说,"我最想看非洲大草原上的狮子、羚羊、斑马这些动物。"

"你说的这些动物好像都生活在热带草原地区,"洋洋神秘地说,"我想起来了,有个地方特别适合你。非洲坦桑尼亚地区有一个国家公园,因每年都会出现超过150万只牛羚和约25万只斑马的大规模迁徙而闻名,在那里可以实现你的愿望。"

"你说的是塞伦盖蒂国家公园吧。"陆陆抢先说道。

"我知道这个公园。"文文兴奋地说,"塞伦盖蒂国家公园位于坦桑尼亚的西北部,包括面积达14750平方千米的草地平原和稀树草原,还有沿河森林。园内为热带草原气候,海拔在920~1850米。它是坦桑尼亚最著名的国家公园,也是一个有着300多万只大型哺乳动物的巨大生态系统。"

"热带草原可是非洲的名片,现在提到非洲我们想到的都是草原上的各种动物。"洋洋说。

"你想在冬天去非洲避寒还是在夏天去那里观看食草动物大迁徙?"陆陆故意问文文。

热带草原气候主要分布在热带雨林两侧

非洲热带草原气候区　　澳大利亚热带草原气候区　　拉丁美洲热带草原气候区

斑马
热带草原气候代表性食草动物之一。

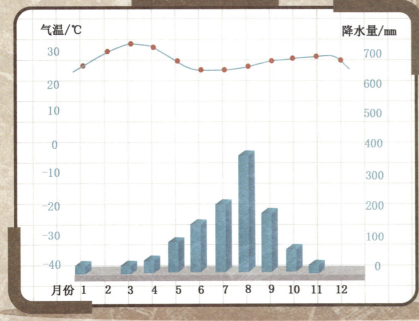

热带草原气候（北半球）

北半球热带草原气候的气温及降水情况

文文不假思索地说："我当然想要去看壮观的动物大迁徙了，就算是热也值得！"

热带草原气候的分布及特征

"哈哈，那倒不至于。"陆陆接着说，"热带草原气候大致分布在南北纬10°至南北回归线之间，一般位于热带雨林两侧。比如说非洲中部、南美巴西大部、澳大利亚大陆北部都属于热带草原气候，其中在非洲分布面积最广，占非洲总面积的60%以上。"

"要想去这里旅游，还真的要选对时机。"天天说，"热带草原气候区全年高温，但是会有明显的干湿季交替。在北半球，一般5～10月降水丰富，被称为雨季，11月到次年的4月，基本就进入了旱季，几乎是滴水不降，时间长了容易干旱，甚至可能出现火灾。"

羚羊
热带草原气候代表性食草动物之一。

热带草原气候的成因

"如果咱们现在去,正好就赶上雨季了。"文文激动地说,"热带草原还真的是水火两极端呢。"

"还不是因为**热带草原地区被信风带和赤道低气压带交替控制**,才会这样的嘛。"天天说,"**当太阳直射时,就由赤道低气压带控制,这时候气候就是高温多雨;当太阳不再直射时,就由信风带控制**,由于信风是向纬度低、气温高的地带吹送,所以没有水汽凝结条件,属性干燥,这时候就会高温少雨。所以在热带草原气候区一直有'雨季跟着太阳跑'的说法。"

热带草原气候区的植物特点

洋洋忍不住笑了起来:"这个形容真是太贴切了。"

"热带草原气候区以草居多,树木稀少,所以才有那么多善于奔跑的动物。"文文说。

"没错。"陆陆找了几张关于塞伦盖蒂国家公园的照片给大家看,"**非洲热带草原的植物具有旱生特性**。草原上大部分是禾本科草类,草高一般在1~3米,大都叶片细长,以防止水分过分蒸腾。草原上稀疏地散布着独生或簇生的乔木,叶小而硬,有的小叶能运动,排列成最避光的造型;树皮很厚,有的树干粗大,可贮存大量水分以保证在旱季能进行生命活动。代表树种有纺锤树、金合欢树、猴面包树等。热带草原干湿两季有截然不同的景色。每到雨季,草木

▲ 纺锤树

纺锤树的根系和贮水组织特别发达,特别是它那像纺锤一样的树身能贮存大量的水分,人们只要在树上挖个小孔,便会有水源源不断地流出,所以被称为沙漠中的救命树。

葱绿,万象更新;每到旱季,一片枯黄。"

"你说的这几个代表树种我都知道。"文文说,"纺锤树也叫瓶子树,据说可以长到30米高,树茎内可贮存两吨的水呢!金合欢树是非洲热带稀树草原的标配树木,它有着伞状树冠,布满锐利的刺,风姿潇洒而清秀,既是植食动物的食物来源,也是昆虫、小鸟的栖身之所。猴面包树,大家应该都耳熟能详。因为其果实成熟后质地很像面包,而且猴子喜欢成群结队地爬树摘果子吃,因此被称为'猴面包树'。"

▲ 金合欢树

金合欢树为了减少水分蒸腾,叶片细小;为了阻挡动物吃掉树叶,金合欢又在叶子附近长出锋利的尖刺,并分泌毒素。

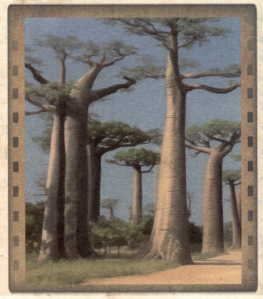

▲ 猴面包树

猴面包树大量吸收水分贮存在树干,干旱时形成水源,曾为很多在热带草原上行走的人提供了救命之水,因此又被称为"生命之树""救命之树"。

小贴士

南北半球冬夏季节相反,雨季时间相反。

热带草原上的动物

"没想到文文对这几种植物如此了解。"陆陆对文文竖起了大拇指。

天天感叹道:"植物的适应能力太强了!"

陆陆笑着说:"要不然怎么会有'物竞天择,适者生存'这句话呢!其实不光是植物,热带草原气候区的动物也很厉害。这里草长得很高,所以吸引了大量的食草动物,比如斑马、羚羊、角马。这些食草动物又吸引来了很多大型的食肉动物,比如狮子、猎豹等。因为地势平坦开阔,这里的食草动物大多选择群居,从而抵御进攻。"

文文说:"看来热带草原气候区更适合发展畜牧业。"

天天点点头:"热带草原地区确实是许多动物的乐园,拥有丰富的物种,也正是由于它特殊的气候,所以每年在旱季到来之际,我们才能欣赏到地球上数以百万计的蹄类动物史诗般的大迁徙场面。"

每年6月,以角马为主的蹄类动物会从坦桑尼亚大草原出发,跋涉300多千米,迁徙到肯尼亚境内的马赛马拉国家野生动物保护区,整个迁徙过程场面壮观,声势浩大。

第X件宝物的自白

我是牛椋(liáng)鸟,经常与犀牛为伴。我除了帮助犀牛驱虫,还会提醒动物危险的来临。虽然犀牛是脾气最坏的动物,但是我们互利共生,和谐相处。

"哇哦!"文文惊叹道,"说得我现在就想去非洲的热带草原看看了。"

"咱们一起向博士申请,这个夏季去热带草原搜集那里的生物信息怎么样?"洋洋提议道。

"现在就去!"天天话锋一转,"不过在去之前,我要先把热带草原气候的资料整理好。你们也要帮我做报告哦!"

"有福同享,有难同当!"

说完,大家向控制室走去。

报告

热带草原气候主要分布在南北纬10°至南北回归线之间;受信风带和赤道低气压带交替影响,有明显的干湿季之分。

动植物特性:树木种类少,分布稀疏,以草原为主;有大量的食草动物和大型的食肉动物,拥有丰富的物种。

地球居民的回复简讯

减少杀戮,保护好草原动物。

热带季风气候的探索之旅

虽然文明守护者小队成员没有和队长林非博士一起去非洲度假，但是他们因为要搜集资料，也来到了中国冬季度假胜地三亚。几位少年躺在白色的海滩上，沐浴着温暖的阳光，听着海浪的声音，十分惬意。

"我们是不是忘了此次来三亚的目的是什么了？"天天喝了口椰子汁，不合时宜地说道。

"我们现在就是在执行任务呀！"陆陆也喝了一口椰子汁，狡黠地说，"博士让我们搜集热带季风气候的数据，我们这是在感受这里的气候状况呢。"

"那你感受到了什么？"洋洋故意刁难陆陆说。

"热带季风气候区，确实是旅游放松的好地方。"陆陆调皮地回答。

文文怕游玩耽误了任务，催促道："好啦，我们还是先去完成博士交代的任务吧，之后咱们再放松放松。"

"我们游玩工作两不误。"陆陆又深吸一口椰子汁说，"现在是冬天，三亚依旧温暖如春，气温在20℃以上，说明热带季风气候也是全年高温。"

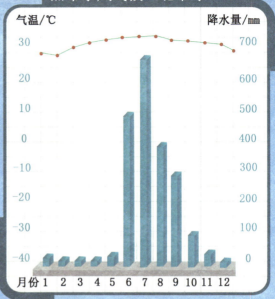

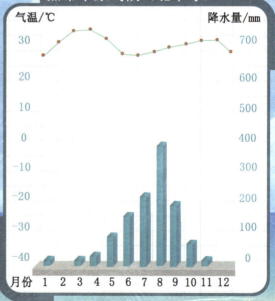

▲ 北半球热带季风气候、热带草原气候的气温及降水情况

热带季风气候的分布及特征

天天放下椰子说:"没错,热带季风气候区年平均温度在22℃以上,年降水量多,一般在1500~2000毫米,6~10月为雨季,11月到次年5月为旱季。"

"这温度和降水分布与热带草原气候很像呢。"洋洋惊讶地说。

"确实,两者都是全年高温,有旱雨季之分,但是两者也有很多不同。"陆陆突然一本正经起来,"虽然两种气候都大致在南北纬10°至南北回归线之间,但热带季风气候主要分布在北半球,算是亚洲独有的一种气候类型。如台湾省南部、海南岛、印度半岛大部、菲律宾等地都属于热带季风气候。而且在年降水量上,热带季风气候的年降水总量比热带草原气候要多。'世界雨极'和热带风暴最活跃的地方,就在印度半岛上。"

天天补充道:"还有气候的形成原因也不同。热带草原气候是受赤道低气压带和信风带交替控制而形成的,跟太阳直射有关。热带季风气候主要与气压带、风带的季节移动和海陆热力差异有关:夏天,大陆受低气压控制,风从海洋吹向大陆,带来大量降雨;冬天,风从内陆吹向海洋,干燥少雨。"

旱季风　　雨季风

热带季风气候区的动植物类型

文文说:"热带季风气候的森林类型是热带季雨林,听起来和热带雨林很像呢!"

"二者虽只有一字之差,但是区别很大。"陆陆终于忍不住插话了,"热带雨林气候终年高温多雨,植物结构为4~9层;但是热带季风气候有旱雨季,森林有明显的季相变化。与热带雨林相比,热带季雨林植物种类少,结构也比较简单,一般分为两层,上层为落叶树种,下层为常绿树种,开花期较集中且某些植物具有大型花朵,板根、茎花现象少,外貌比热带雨林华丽。"

文文又问道:"那热带季风气候区的动物种类是否也与热带雨林气候的同样丰富呢?"

陆陆点点头说,"因为热带季雨林的环境给动物提供了良好的隐蔽场所和充足的食物来源,所以热带季风气候区的动物种类比较多,比如哺乳动物有孟加拉虎、金钱豹、亚洲象等,鸟类有孔雀、犀鸟等。

热带季风气候区的植物生长速度快,叶子通常比较宽大,根系往往比较发达,能够适应高湿度和高温。

而且热带季风气候因为具有雨热同期的特点,所以非常有利于农作物和森林的生长,并且它可以调节地球表面的温度,保持地球的温度稳定。但是有时候会导致洪涝、台风等灾害,给人类的生活带来不便。"

第X件宝物的自白

我是热带洋面上急速旋转的大气涡旋,在热带季风气候区盛行,如果风速达到某一程度后就会被冠上你们熟悉的"台风""飓风"等名字哦!

小贴士

热带季风气候分布区每当夏季风和热带气旋活动不正常时，就会引起洪涝灾害。

热带季风气候的动物

"说了这么多，也享受了这么久，该去干正事了。"文文又重申道，"别忘了咱们来三亚的目的。"

"现在就行动！"少年们都笑了起来。

他们用了两天的时间将热带季风气候的资料搜集完毕，并做成报告发送给了地球居民。

 报告

热带季风气候主要分布在北纬10°至北回归线附近的曼谷、孟买、中国三亚等地区。全年高温，分旱雨季。气候成因主要与气压带风带的季节移动和海陆热力差异有关。

动植物特性：森林类型有明显的季相变化；动物种类比较多，典型动物有孔雀、亚洲象等。

对生产活动的影响：热带季风气候非常有利于农作物和森林的生长，但是有时候会导致洪涝、台风等灾害。

 地球居民的回复简讯

每一种气候类型都有其独特的魅力。

热烈如火的生命禁区

"金字塔我来啦!"刚坐上飞鹰号的陆陆高喊着。

"你也太兴奋了吧!我们是去搜集热带沙漠气候的数据,不是去观光旅游的。"洋洋严肃地对陆陆说。

"我不管,我要工作与游乐两不误。"说完,陆陆还做了个鬼脸。

坐在一旁的文文问道:"天天,属于热带沙漠气候的地区那么多,比如阿拉伯半岛、澳大利亚西部、拉丁美洲西海岸的某些地区等,为什么你要选择北非的埃及?"

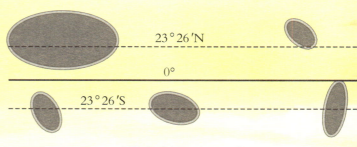

热带沙漠气候区的分布

热带沙漠气候的气候特点

"热带沙漠气候区主要分布在南北回归线与南北纬30°之间的大陆内部或大陆西岸,位于热带草原气候的外侧。这种沙漠气候是大陆性气候的极端情况,所以我首选了北非内陆。选择埃及是因为它在撒哈拉沙漠和阿拉伯半岛之间,这样我们就能多去几个地方搜集热带沙漠气候的资料啦。"

"你的意思是还要去撒哈拉沙漠?"

▲ 热带沙漠气候的气温及降水情况

听完天天的话，文文难掩激动，"撒哈拉沙漠地区气候条件非常恶劣，是地球上最不适合生物生存的地方之一。"

"我们不光去，而且还要横穿撒哈拉沙漠去摩洛哥兜一圈呢！"还没等文文说完，陆陆就把他和天天的秘密说出来了。

"什么！"洋洋和文文听后更激动了。

天天赶紧安抚道："**撒哈拉沙漠是世界上最大的沙漠，热带沙漠气候也最典型。**我知道**那里极度干旱而酷热，昼夜温差大，风沙多，平均年降雨量在50毫米以下，是地球上最干燥的气候类型。**但是，你们要相信我一定能带领大家安全穿过沙漠，并收集到可用信息。"

天天坚定的语气，使文文和洋洋安静下来，但是陆陆一路上依旧兴奋至极。

到达埃及首都开罗，他们在金字塔所在的吉萨区停下歇脚。其他少年都在准备路上所需的物资，只有陆陆不见踪影，看来他是去参观金字塔了。

在开罗市就能感受到热带沙漠气候的特点，云量少，日照强，金字塔在阳光的照射下闪着金光。

热带沙漠气候的成因

陆陆环顾了一下四周，除了远处的金字塔和居民区，生物稀少，只有零星的耐旱植物，这是典型的热带荒漠植被类型。一阵风吹来，风沙拍打在陆陆的脸上，又干又痛，还差点儿迷了眼。还没走到最大的胡夫金字塔下，陆陆就折返回去了。

"要不咱们还是别去撒哈拉沙漠了吧。"回来的陆陆对大家说。

"不行！"洋洋态度坚定，"我们装备、物资什么的都准备好了，就等你回来一起出发了。而且天天都和我们说了，他答应你看金字塔，你答应他搜集沙漠地区动植物的资料。做人要言而有信！"

无奈，陆陆只好和大家一起乘上甲壳虫号前往危险的撒哈拉沙漠。

望着不见边际的沙漠，奇形怪状的沙丘和低矮的植物，洋洋感叹道："真是难以想象，这样极端的气候是如何形成的。"

天天回答道："**热带沙漠气候分布的地区常年受副热带高压带和信风带的交替控制，导致干旱少雨。虽然也受寒流影响，能够适当降低温度，但是会使大气冷却，不能上升成云，从而影响降雨。**"

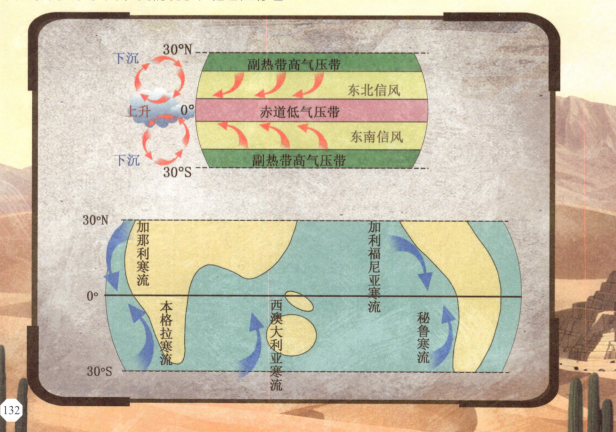

海市蜃(shèn)楼

"我好像发现了一片绿洲!"洋洋惊喜道。

"哪里哪里?"其他成员赶忙问。

"看,就在前方。"洋洋指着远处遍地黄沙兴奋地说,"我热得脸上都出汗了,正好可以洗洗脸。"

"哈哈哈……"

一连串笑声使洋洋不明所以:"陆陆,有什么可笑的?"

"洋洋,前方那好像是海市蜃楼,不是真的绿洲。你看,我的导航上没有显示前面有绿洲。"天天解释道。

"不会吧!我竟然看到海市蜃楼了!这比我见到绿洲还令人兴奋呢!"洋洋激动地连忙掏出相机记录。

**海市蜃楼又称为蜃景,是一种反常的折射现象。因垂直方向的空气密度不同,当光线传播时会出现折射现象。蜃景常分为上现蜃景、下现蜃景和侧现蜃景。你看到的'绿洲'出现在实际物体的下方,所以这个蜃景是下现蜃景。"

▲ 沙漠表面温度高,接近沙层的空气受热极快,形成下层热上层冷的温度分布。热空气密度低,冷空气密度高。因前方或远处景物的光线由密度大的空气向密度小的空气传播时发生折射而出现蜃景。

沙漠里的动植物

陆陆用望远镜观察后说:"前方能看到的绿色也只有一些沙漠植物了。因为这种极端的气候,所以**这里的植物都具有耐旱、能够快速生长的特点**,而且为了适应高温干旱的环境,减少水分的流失,部分植物的叶子都进化成小而窄的样子,甚至没有叶子。比如我们熟悉的仙人掌、胡杨、枣椰树、沙漠玫瑰、梭梭,还有百岁兰等。"

"我听说因为水资源稀缺,所以在这些地区判断某户人家是否富裕就看家里有没有种树,因为种树需要大量的水来灌溉,如果家里有树就说明水多,是真的富裕。"文文说道。

小伙伴们听后都笑了起来。

"看,那些痕迹是响尾蛇留下的。"陆陆激动地说,"还有那些骆驼队。你们看到

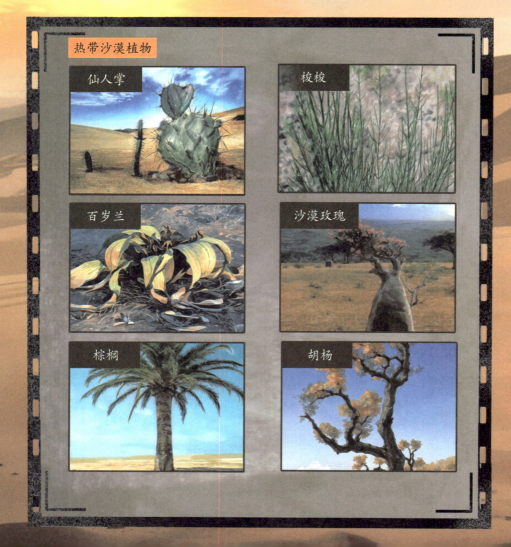

热带沙漠植物:仙人掌、梭梭、百岁兰、沙漠玫瑰、棕榈、胡杨

了吗？"

天天说："看到了，热成像仪把遇到的生物都扫描上传到电脑上了。而且电脑显示，受气候影响这里的动物种类少，大型动物少，除了被誉为'沙漠之舟'的骆驼，非洲鸵鸟算是较大的沙漠动物了。沙漠里基本是耐干旱的小动物，比如响尾蛇、蜥蜴、以色列金蝎子、跳鼠、撒哈拉银蚁等，别看它们小，个个本领可高着呢！"

文文感叹道："那是被生活所迫啊！如果动植物们不去努力改变自己，适应这里的环境，就会被自然淘汰，为了生存，它们必须要身怀绝技。"

热带沙漠动物：单峰驼、角蝰蛇、耳廓狐、撒哈拉银蚁、非洲鸵鸟、响尾蛇

蜥蜴在吃雾姥甲虫

小贴士
骆驼具有远距离寻找水源的能力。

热带沙漠气候区的资源

陆陆看着热成像仪上传来的动物图像，突然反应过来，不解地问："你都有热成像仪，还要我来搜集动植物资料干什么？"

洋洋笑着说："当然是领略一下撒哈拉沙漠的壮阔之美啊！"

陆陆嘟囔道："这里的自然环境太恶劣了，生存都受到考验，哪里还有心情欣赏美景。"

文文却笑着说："热带沙漠气候区的自然环境确实差，但是对于整个地球的气候来说却有不可替代的调节作用，而且沙漠地区资源丰富，不光有可再生的光资源和风资源，还有丰富的矿产资源、石油和天然气等。比如中东地区就是世界上最大的石油宝库，也是世界上最大的石油输出地

第X件宝物的自白

我是巨人柱仙人掌，主干可以高达16米，能活200年。我的身体可储存一吨以上的水。我还是墨西哥的国花呢！

区，在世界经济中具有举足轻重的地位。"

"还不止呢！"天天接着说，"因为天气干燥少云，适合天文观测，所以智利拥有全世界自然条件和观测设备最好的光学天文台。"

陆陆说："干燥少云，适合天文观测我可以理解，但是沙漠地区富有矿产资源就难以想象了。"

洋洋笑着说："亏你还是陆生生物专家呢！沙漠地带储藏的矿产资源当然不是因为气候干燥形成的，而是这里本来不是沙漠，而是浅海，矿产是由海底的动植物形成的。"

"沧海变桑田，桑田变荒漠！"文文感叹道。

经历了两天时间，天天带着同伴们终于来到了摩洛哥的梅尔祖卡地区，它是撒哈拉沙漠中最知名的景点之一，这里有壮观的沙丘和富有民族特色的沙漠文化，每年吸引着成千上万的游客前来观光和探险。

他们将在这里待上两天，将沿路搜集的热带沙漠气候的资料做成报告后，再前往阿拉伯半岛，继续热带沙漠气候的探险之旅。

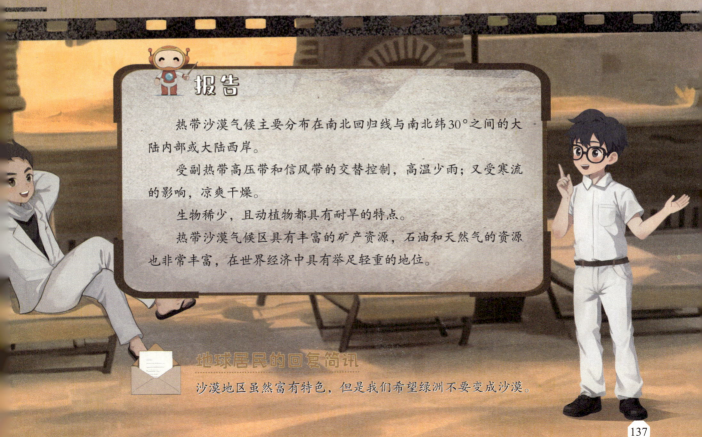

报告

热带沙漠气候主要分布在南北回归线与南北纬30°之间的大陆内部或大陆西岸。

受副热带高压带和信风带的交替控制，高温少雨；又受寒流的影响，凉爽干燥。

生物稀少，且动植物都具有耐旱的特点。

热带沙漠气候区具有丰富的矿产资源，石油和天然气的资源也非常丰富，在世界经济中具有举足轻重的地位。

地球居民的回复简讯

沙漠地区虽然富有特色，但是我们希望绿洲不要变成沙漠。

热带气候 思维导图

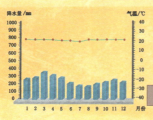

热带雨林气候

分布
主要分布在赤道附近地区，赤道两侧南北纬10°之间

气候特征　全年高温、降水丰富

影响因素　太阳辐射、赤道低压带、地势等

动植物特性　植物一般呈深绿色，树种丰富，有明显的层次；动物种类丰富，但大型动物较少，树栖种类多，地栖种类较少

对生产活动的影响　被称为"世界上最大的药房"和"地球之肺"

热带草原气候

 分布　大致分布在南北纬10°至南北回归线之间，一般位于热带雨林两侧

气候特征　全年高温，有明显的干湿季

影响因素　热带草原区的降水主要由副热带高气压带和赤道低气压带交替控制

动植物特性　树木种类少，分布稀疏，具有耐旱和贮水功能；有食草动物和大型的食肉动物，拥有丰富的物种

对生产活动的影响　热带草原地区是许多动物的乐园

热带季风气候

分布
30°N
0°
主要分布在北纬10°至北回归线附近

气候特征
全年高温，分旱雨季

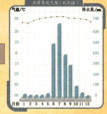

影响因素
热带季风气候主要与气压带、风带的季节移动和海陆热力差异有关

动植物特性
植物生长速度快、叶大、根系发达、耐湿耐高温；动物种类比较多，典型动物有孔雀、大象

对生产活动的影响
非常有利于农作物和森林的生长，但是有时候会导致洪涝、台风等灾害

热带沙漠气候

分布
主要分布在南北回归线与南北纬30°之间的大陆内部或大陆西岸，位于热带草原气候的外侧

10°N
0°
10°S

气候特征
全年高温少雨，空气湿度很小，昼夜温差大

影响因素
常年处于副热带高压带和信风带的交替控制之下，气流下沉，导致干旱少雨

动植物特性
植物耐旱，种类少；动物种类少，体形小，耐旱

对生产活动的影响
具有丰富的矿产资源，石油和天然气的资源也非常丰富，在世界经济中具有举足轻重的地位

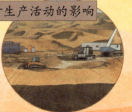

Climate and Environment

热不过热带、冷不过温带的气候类型

冬暖夏凉的宜居天堂

"你们觉得哪种气候类型最适合人类居住?"在整理气候资料的文文问。

陆陆说:"我觉得是温带,四季分明,既不是很热,也不会很冷。"

"温带季风气候冬天可是很冷的,大都在0℃以下。"洋洋觉得陆陆的想法出乎意料,"你想一想咱们的大东北,一到冬天,天寒地冻的。"

"我可是能扛冻的男子汉。"陆陆摆出自己很强大的样子说。

洋洋说:"我觉得亚热带气候最适合人类居住。"

"我和洋洋想的一样。"天天附和道,"亚热带气候主要分布在北半球的副热带和热带之间的地区,以及南回归线以北地区,一般位于温带靠近热带的地区,也可以看作热带和温带的过渡地带,也是四季分明,而且冬季相对较为温暖,温度一般在0℃以上。"

陆陆说:"亚热带气候主要分为亚热带季风气候和季风湿润性气候、地中海气候两种气候类型。虽然亚热带气候冬季无严寒,

但是夏季也特别热呀。而且,第一种亚热带气候夏季潮湿炎热,第二种亚热带气候夏季干燥炎热。动不动就一身汗,太难受了。"

"夏天本来就应该热情似火嘛。"文文说,"我也加入亚热带气候的阵营。"

"三比一,亚热带气候占据上风。"天天笑着说,"亚热带和温带是人们大规模聚居的温度带,特别是亚热带季风气候区被誉为最适合人类居住的地方。"

文文说:"这不仅仅是因为合适的温度,还有这里雨热同期,适合农作物生长,而且这里农作物生长周期短,一般一年两熟,甚至在南亚热带地区水稻和玉米可以一年三熟。这对于我们来说非常重要,毕竟民以食为天嘛!"

"好啦,我也加入亚热带阵营了。"陆陆调皮地说,"亚热带适合植物生长,植物种类多、数量多,主要是落叶阔叶林,如枫树、柞(zuò)树、榉(jǔ)树等。"

"嘿嘿,被我们动摇了吧!"洋洋说,"亚热带气候地区地形地貌也是多种多样的,如沙漠、山地、平原、海岸线等。"

"哇,好期待接下来的亚热带气候之旅啊!"文文向往地说。

亚热带季风家庭里的两兄弟

自从少年们讨论过亚热带气候类型最适宜居住后,他们便纷纷向往到亚热带气候区住上一段时间,好好感受一下这种气候类型的舒适。没想到,还没等他们向队长林非博士请示,博士就先找到了他们。

"你们当中谁最近有时间?"林非博士问道。

大家一门心思都在亚热带气候的探险之旅上,哪有心思想别的呢?于是少年们纷纷不作声。

"哎呀,我还想找你们陪我去实地考察一下,关于亚热带季风气候和季风湿润性气候的异同呢!"林非博士不紧不慢地说。

少年们听后,纷纷举手:"我,我有时间。"

林非博士看着他们一个个争先恐后的样子,忍不住笑道:"我知道前几天你们在讨论宜居的气候类型,所以就安排了这次的亚热带气候探索之旅。你们都能去。"

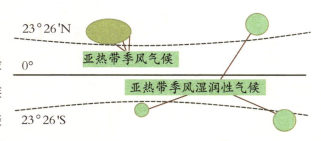

两兄弟间的差异

亚热带季风气候和季风湿润性气候虽是两种气候,但是也有相似的地方。比如,它们**都分布在南北纬22°～35°的亚热带大陆东岸,而且气候特征也相似,四季分明。**

相似不等于相同,肯定存在着差异。首先,虽然两者的分布相似,但是**亚热带季风气候分布于欧亚大陆东部,主要出现在中国东部秦岭至淮河以南地区,以及日本群岛、朝鲜半岛南部;而亚热带季风湿润性气候则分布于北美大陆东部,包括美国东南部、巴西东南部,以及阿根廷、澳大利亚等沿海地区。**

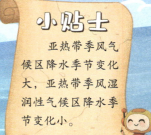

小贴士

亚热带季风气候区降水季节变化大,亚热带季风湿润性气候区降水季节变化小。

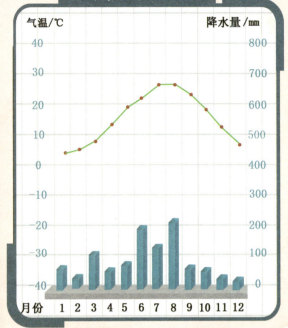

其次，亚热带季风气候区降水主要在夏季，冬季稀少，所以夏季炎热多雨，冬季偏冷干燥；而亚热带季风湿润性气候的降水虽然集中在夏季，但是冬季仍有较多的降水量，所以气候特征是夏季炎热多雨，冬季温暖湿润。

文明守护者小队跑遍了两种亚热带季风气候的典型地区后，得出了这两种气候差异的原因——海陆热力性质的不同，即海洋和陆地吸收、储存热量的能力有所不同。海洋的热容量大于陆地的热容量，在相同时间同等阳光的照射下，海洋的温度缓慢升高，而陆地温度迅速升高。

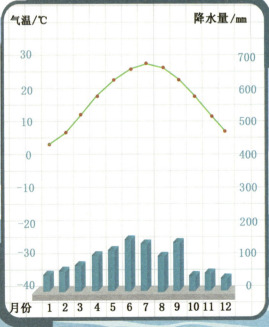

▲ 亚热带季风气候（北半球）、亚热带季风湿润性气候（北半球）的气温及降水情况

"海陆热力性质差异，使得陆地在增温和降温时都比海洋快。我们再来看看亚热带季风气候和季风湿润性气候的分布情况。"天天指着世界地图说，"亚热带季风气候区位于欧亚大陆和太平洋之间，夏季的时候，升温快的陆地形成低压区，升温慢的海洋属于高压区，高压区的空气向低压区流动，所以夏季风从海洋吹向陆地，带来大量的水汽，因此亚热带季风气候夏季炎热多雨。冬季则是散热快的陆地形成高压区，散热慢的海洋变成低压区，因此风从陆地吹向海洋，冬季偏冷干燥。"

▲ 夏季
风从海洋吹向陆地

▲ 冬季
风从陆地吹向海洋

樟科

"而且因为欧亚大陆和太平洋是世界上最大的大陆和最大的海洋，因此海陆热力性质差异非常明显，所以气压差大，风力也大，是典型的季风气候。"林非博士又指着亚热带季风湿润性气候区说，"**亚热带季风湿润性气候区的海陆面积小，海陆热力差异不明显，因此季风气候不突出，所以被称为亚热带季风湿润性气候。**"

"两种气候冬季降水量不一样还因为北美大陆东南部在冬季时会被温带气旋影响，所以降水量比较多。"天天补充道。

"这样的话两种气候区的植被是不是就差异很大了？"文文说道。

"这两个气候区的动植物特性还是相似的。"陆陆说，"**两种气候区的植被类型主要是常绿阔叶林，树冠高大，一般叶子较小，叶片常青，革质，表面光亮，叶片排列的方向与太阳光线垂直，所以又称照叶林。常见的有樟科、壳斗科、山茶科等植物。**"

第X件宝物的自白

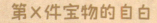

我是水稻，全世界有一半的人口都在食用我，这还要感谢袁隆平先生，帮助我们抗倒、丰产。希望你在吃每口米饭时，都要记得他。

"那动物类型是否不同呢？"洋洋又问道。

"两种气候条件下的动物种类也比较相似，物种丰富。主要的哺乳动物有金丝猴、日本猕猴、白唇鹿、黑麂（jǐ）等。中国的大熊猫、华南虎、扬子鳄属于特有的亚热带动物。"

华南虎　大熊猫

壳斗科

山茶科

金丝猴

白唇鹿

扬子鳄

日本猕猴

黑麂

大家最后分工合作，将此次搜集的亚热带季风气候和季风湿润性气候的资料做成报告，发送给了地球居民。

 **报告**

分布：亚热带季风气候分布于欧亚大陆东部，亚热带季风湿润性气候主要分布于北美大陆东部。

气候特征：亚热带季风气候夏季炎热多雨，冬季偏冷干燥；亚热带季风湿润性气候夏季炎热多雨，冬季温暖湿润。

影响因素：都与海陆热力性质差异有关。

动植物特性：两种气候区的动植物特性相似，动植物种类丰富，植被类型主要是常绿阔叶林。

 地球居民的回复简讯

保护好环境，让亚热带继续成为最宜居的温度带。

特立独行的地中海气候

早上,洋洋刚到基地大厅就发现花瓶里插满了郁金香,颜色各异,看起来漂亮极了。

"郁金香好美啊!"洋洋感叹道。

"是啊!"文文在一旁高兴地说,"这是昨天在花卉市场看到的,知道你们肯定也喜欢,就买来了。"

"文文太好了。"洋洋一把抱住文文,说道,"我最喜欢郁金香、水仙,还有风信子这些花了。"

天天走过来说:"洋洋,你喜欢的都是亚热带地中海气候的代表花卉啊!郁金香、水仙和风信子都属于球茎花卉,它们的共同点就是地下部分有一个储存养分的球状茎,其实这跟当地的气候有很大的关系。"

"你这是无时无刻不在传授知识

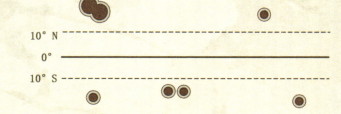

地中海气候分布具有广泛性,是除了南极洲,其他六大洲都有的气候类型。

啊!"陆陆忍不住说道。

"我们愿意听!"洋洋白了一眼陆陆,看向天天,并示意他继续讲。

地中海气候的分布及成因

天天笑了一下说道:"**亚热带地中海气候主要分布在亚热带大陆西岸**,如地中海沿岸,南北美洲纬度30°~40°的大陆西岸,

郁金香　　　　水仙　　　　风信子

澳大利亚大陆和非洲西南角等地，比如罗马、米兰、大马士革、洛杉矶等地区都属于此种气候，不过分布面积最广的还是地中海沿岸。"

洋洋说："我记得所有的世界气候类型中，地中海气候是一枝独秀。"

"没错。"天天解释道，"**因为这个气候区是被西风带和副热带高压带以及信风带交替控制的。夏季，副热带高压带北移，气候区被高压控制，受热带大陆气团（东北信风）影响，天气炎热干燥少雨；冬季副热带高压带南移，受来自海洋的西风带控制，温暖多雨。**"

文文听后说："夏季少雨，冬季多雨，这不就是雨热不同期嘛！地中海气候类型果然是气候类型中的一朵奇葩。"

陆陆点头道："是的。而且因为夏季干燥又炎热，所以这里的主产花卉风信子、水仙和郁金香都具有球茎，因为球状的茎部可以储存大量的水和养分，让它们可以顺利度过夏天。"

"为了适应气候，这几种花都是秋天种植，春天开花，夏季休眠的哦。"天天补充道。

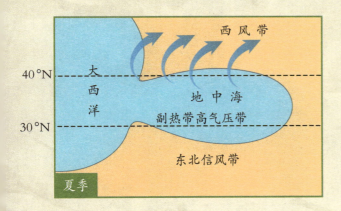

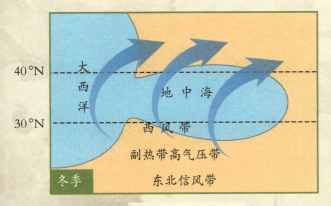

地中海气候成因图

▲ 地中海气候（北半球）的气温及降水情况

地中海气候区的植被类型

"这就是适者生存!"陆陆说道。

"陆陆说得对。"天天说,"地中海气候是非常独特的气候类型,概括起来说就是高温时期少雨,低温时期多雨。这种不协调的配合,对植物十分不利。在生长季节,植物必须承受炎热干燥的磨炼,为了减少水分的蒸发,叶片一般覆盖一层硬硬的蜡质,小且厚,因此地中海的植被类型被称为常绿硬叶林。"

"说到植被,我在行呀!"陆陆当仁不让地介绍起常绿硬叶林的植被来,"常绿硬叶林一般由乔木层、灌木层和草本层构成。乔木层主要由具刺、硬革质叶的刺叶栎或冬青栎等组成。灌木层一般高3～5米,由黄杨、常绿蔷薇、常绿鼠李等组成,还有铁线莲、金银花等藤本植物。草本层中有许多适应干旱气候的种类,如假叶树、天门冬等,还有喜湿、耐阴的蕨类和苔草。"

"这些植物好像在其他气候类型区也有分布呢,"文文歪着头说,"可是我很好奇在地中海气候区的特殊条件下,它们是如何生长的呢?"

陆陆解释道:"硬叶植物巧妙地适应着地中海气候。在炎热干旱的夏季,有的植物休眠,但随着一场秋雨过后,休眠的植物又开始生长,有的硬叶乔木甚至能再次开花;当水分供应微弱时,植物就关闭气孔,中断蒸腾;当秋雨降临时,植物又重新打开气孔。"

洋洋问道:"既然硬叶植物都艰难生存,那禾本科的农作物就

葡萄

柑橘

无花果

油橄榄

经济作物

更不适合在地中海气候区生长了吧?"

陆陆回答道:"没错,所以地中海气候区的农业是水果园艺业,代表水果有无花果、葡萄和柑橘,花卉就是之前我们说的郁金香、风信子在内的那些秋植球根花卉。水果和油橄榄作为经济作物,在地中海气候区广泛种植。"

小贴士

法国南部的地中海气候区普罗旺斯是世界上最大的薰衣草种植基地。

地中海气候区的动物

"地中海气候区的气候独特,那生活在此气候条件下的动物是不是也很独特?"洋洋问向天天。

"说到动物,就要请教陆陆了。"天天把问题抛给陆陆。

"地中海气候区确实有许多珍稀动物。"陆陆掰着手指头说,"比如,欧洲唯一一种灵长类动物——地中海猕猴,濒临灭绝的巴巴里豹和西班牙猞猁(shēlì),以及叫猫不是猫的灵猫等。"

"灵猫?"洋洋激动地说道,"我知道灵猫,灵猫的皮柔软丰厚,是一种珍贵的裘皮。而它的分泌物可制成香料,称为灵猫香,不仅可以作为高级香料的保香剂,还是一种药材,可以起到活血化瘀、疏通经络的作用。"

"看来灵猫全身都是宝呢!"文文说,

地中海猕猴　　巴巴里豹　　西班牙猞猁　　灵猫

第X件宝物的自白

我叫栓皮栎,是生产软木的主要树种,我产自地中海气候区,树皮可以制作瓶塞、浮漂、鞋垫等。我的一生可以被剥去好几次树皮,因此我也被称为"最不怕剥皮的树"。

"希望我们有机会去地中海气候区出任务,顺便还能看看这些动物。"

天天笑着说:"你的愿望很快就能实现,林非博士已经在准备地中海气候的探索任务了,相信过不了两天,我们就会去地中海气候区亲身体验那里独特的气候环境了。"

"耶!太棒了!"其他少年兴奋地手舞足蹈。

"气候资源是旅游资源的重要组成部分。"天天说,"地中海气候区不仅温度适宜,光照充足,还有蜿蜒悠长的海岸线。蓝天、白云、海水、沙滩,加上群山环绕,美丽的自然风景和悠久的历史文化遗产带动了地中海气候区的旅游经济。法国、意大利、西班牙、塞浦路斯、希腊、埃及等,都是世界著名旅游胜地。"

"越听你们说,我越期待地中海气候探索之旅啦。"文文高兴地说,"今天咱们讨论的地中海气候资料就由我来整理并做成报告吧,你们都不要和我抢哦!"

报告

地中海气候主要分布在地中海沿岸及黑海沿岸地区,澳大利亚大陆和非洲西南角等地也有少量分布。

气候特征:夏季炎热干燥少雨,冬季温暖多雨。

影响因素:主要是受到西风带和副热带高压带及信风带交替控制。

动植物特性:地中海气候区的植被类型为常绿硬叶林,植物多具有耐旱的特征,叶子小而厚、硬质,有些具刺。代表性动物有地中海猕猴、西班牙猞猁、灵猫、巴巴里豹等。

地球居民的回复简讯

不同的气候环境,孕育出不同的美。

亚热带气候

思维导图

分布

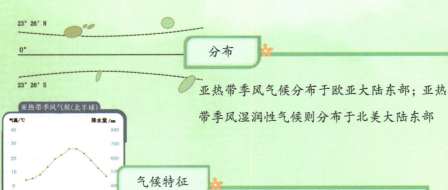

亚热带季风气候分布于欧亚大陆东部；亚热带季风湿润性气候则分布于北美大陆东部

气候特征

亚热带季风气候夏季炎热多雨，冬季偏冷干燥；亚热带季风湿润性气候夏季炎热多雨，冬季温暖湿润

影响因素

与海陆热力性质差异有关

亚热带季风气候和季风湿润性气候

动植物特性

主要是常绿阔叶林，树冠高大，一般叶子较小，叶片常青，革质，表面光亮；动物种类也比较丰富，有各种各样的哺乳动物、爬行动物和鸟类

对生产活动的影响

雨热同期，适合水稻及橡胶的生长

地中海气候

分布
主要分布在亚热带大陆西岸，如地中海沿岸，南北美洲纬度30°～40°的大陆西岸，澳大利亚大陆和非洲西南角等地

气候特征
夏季炎热干燥少雨，冬季温暖多雨

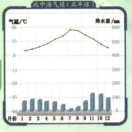

影响因素
主要是因为西风带和副热带高压带及信风带的交替控制

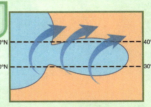
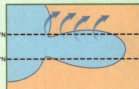

动植物特性
植被类型是常绿硬叶林，叶片小而厚，具有蜡质，较耐旱。典型动物有巴巴里豹、灵猫、地中海猕猴等

对生产活动的影响
气候资源下，适合发展水果园艺及旅游业

Climate and Environment

四季分明的温带气候

复杂多样的温带气候

最近文明守护者的任务都与温度带和气候有关,正在整理资料的文文突然开口问道:"天天,今天我也来考考你,地球上分布最广的温度带是哪一个?"

"文文,你这问题也太简单了。"陆陆忍不住说,"这我知道,分布最广的温度带肯定是温带,广义上来说,除了热带和寒带,其他地区都属于温带,比如我们前面了解的亚热带也属于温带。但是狭义上的温带不包含亚热带和亚寒带,主要指暖温带、中温带和寒温带。"

"就你多嘴,文文问的是天天,又不是你。"洋洋站出来说。

天天看着拌嘴的陆陆和洋洋,笑着说:"是这样,没错。人们根据太阳高度和昼夜长短随纬度的变化,将地球表面有共同特点的地区,按纬度划分为5个温度带,即热带、南温带、北温带、南寒带、北寒带。南、北半球的温带主要是纬度23°~60°

的地区。比如中国北京、俄罗斯的莫斯科、新西兰首都惠灵顿、韩国首尔、朝鲜平壤都属于温带气候。"

"由此可以看出温带才是人口最密集、经济最发达的地区。"洋洋说。

"确实是这样。"文文说,"其实这跟温带的气候特征有很大关系。温带气候夏热冬冷,四季分明,冬夏温差大,而且年降水量比较均匀,所以土地肥沃、适合农作物生长。还有就是温带气候地域广,类型复杂多样,所以物产多样化,适合交换,因此很多人都在这个区域内聚集而居。商品社会初期人们都是以物换物,所以物产丰富确实是一项非常大的优势。"

"我还要补充一下哦,"天天说,"虽然南北半球的温带同样都是四季分明、夏热冬冷,但是因为南半球的温带周围基本是海洋,所以温度较北半球会稍高一点,而且降水比北半球会丰富一些。按照降水量的不同,温带地区主要有3种气候类型:温带季风气候、温带海洋性气候和温带大陆性气候。"

"看来,要想真正了解温带,还是要先了解这3种气候类型。"陆陆笑着说。

其他小伙伴也笑了。

被湿气笼罩的城市

下午,少年们都在图书室里阅读。

洋洋放下手中的书,对旁边的天天说:"我刚发现我国没有温带海洋性气候呢!"

天天解释道:"是这样的,**温带海洋性气候主要分布在南北纬40°～60°的大陆西岸,而我国位于欧亚大陆东岸,所以没有这种气候类型。**"

陆陆也探过头说:"不只是我们国家没有,整个亚洲、非洲和南极洲都没有这种气候类型。"

"**温带海洋性气候对人来说还是比较友好的,它既无寒冬又无酷暑,全年温和湿润,各月的降水量也比较平均。**"文文也加入了谈话,"不过,不是说温带四季分明吗?为什么温带海洋性气候温度和降水却比较均衡呢?"

天天解释道:"形成这种气候的主要原因是,本区位于中纬度(40°～60°)大陆西岸,终年盛吹偏西风,风从西面海上吹来,沿岸又常有暖流,使西风更加温暖湿润,登陆后温湿的气流受地形抬升,即能大量降水。冬季常有温带锋面气旋来袭,反而秋冬降雨量略多于春夏。温带海洋性气候区的降雨以小雨和小阵雨居多,几乎没有雷雨,年降雨量在500～700毫米。"

陆陆接着说:"温带海洋性气候冬暖夏凉,最冷月的气温在0℃以上,最热月的温度也不会超过22℃。属于这一气候的有西北欧、加拿大太平洋沿岸、智利南部、澳大利亚东南部、新西兰等,其中以西欧及不列颠群岛地区最为典型。"

"虽然温带海洋性气候全年温和湿润,但是也有不好的地方,这些地区一年有200

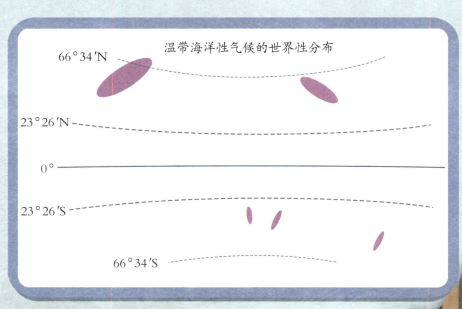

温带海洋性气候的世界性分布

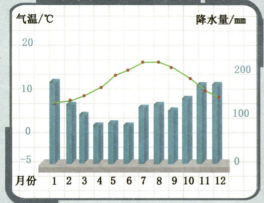

▲ 温带海洋性气候（北半球）的气温及降水情况

西欧西岸的北大西洋暖流和常年盛行的西风为沿海地区带去了温暖湿润的空气，再遇到山脉地形的阻挡，因此迎风坡是温带海洋性气候，背风坡是温带大陆性气候。

多天都是阴雨天，而且多云雾，对于喜欢晴天的人来说可能会有点不适应。"天天补充道。

文文说："英国首都伦敦就是典型的温带海洋性气候，人们出门经常会带着伞，以防随时下雨。因其冬季湿度大，加之工业排放的大量烟尘飘散在空中变成了雾的凝结核，所以经常有大雾发生。英国也因此有'雾都'之称。"

温带海洋性气候的分布特例

"等等，"洋洋突然意识到了什么，"陆陆刚才说澳大利亚东南部也有温带海洋性气候，但是天天不是说温带海洋性气候分布在大陆的西海岸吗？这是为什么？"

"洋洋，你还挺细心的。"天天回答道，"造成这种情况的原因不是单一的，这是在其所处纬度位置及大陆轮廓、地形、洋流、气压与风等多种因素的综合影响下形成的。首先是澳大利亚东南部处于中纬度地区，常年受中纬度西风的影响，多气旋，天气温暖多雨；其次，东南信风及东澳大利亚暖流为其东南沿岸增温增湿。"

洋洋听后说："原来如此，一个地区的气候类型受到的影响因素真多啊！"

陆陆说："那是当然，除了纬度、洋流、气压带、大气环流，海陆位置和地形因素也很重要。比如北美和南美区域的西风因为受到科迪勒拉山系的阻挡，所以温带海洋性气候仅仅分布在沿海区域。"

温带海洋性气候区的植被类型

"我本来还想着有时间的话和家里人去伦敦的泰晤士河看看呢，但是我不太喜欢下雨天。"洋洋顿时泄了气。

"如果你想去旅游的话，可以在8、9月份去，那是当地的最暖月，日照时间也比较长。"天天建议道。

陆陆说："伦敦的秋天很不错，因为这里的植被类型是温带落叶阔叶林，也叫作夏绿林。它的层次非常明显，有乔木层、灌木丛、草木层和苔藓地衣层，几乎没有藤本植物。植被的典型特征就是叶片薄，春季发芽长叶，夏季叶子变绿，秋季部分植物叶子变黄，有黄有绿，多姿多彩，所以秋季是色彩最丰富的季节。伦敦因此还被评为全球秋季最适合'打卡'的城市呢！"

温带海洋性气候区的动植物

"温带海洋性气候降水量和温度差比较小,全年温和,应该比较利于农作物生长吧?"洋洋问道。

"恰恰相反!"天天说,"温带海洋性气候虽然终年温和多雨,气候宜人,但不利于农作物的成熟。因为粮食作物和油料作物在成熟时需要很多热量,但温带海洋性气候由于夏天也温和凉爽,无法提供足够热量,所以这种气候类型不利于农作物的发展。但湿润温暖的气候非常有利于牧草的生长。温带海洋性气候区的牧草翠绿多汁,因此畜牧业发达。西欧、澳大利亚东南部和新西兰地区也因此成为全球著名的乳畜带,而且那儿的火腿、熏肉也都非常有名。"

陆陆说:"新西兰可是世界上最大的乳制品出口国,主要原因就是当地气候使得牧草肥美多汁,为奶牛提供了高质量的口粮。"

洋洋说:"虽然这种气候类型下不适合农作物的生长,但是一定很适合动物们的居

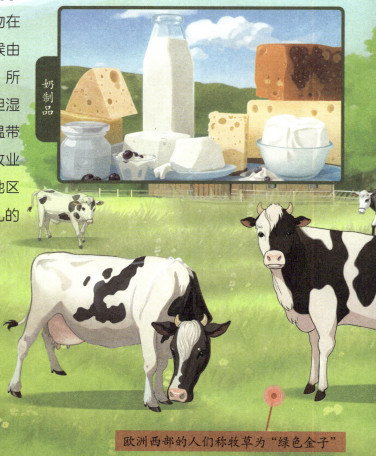

奶制品

欧洲西部的人们称牧草为"绿色金子"

小贴士

巴黎盆地虽然属于海洋性气候,但是因土壤肥力高,盆地地形,因此盛产小麦、燕麦等农作物。

第X件宝物的自白

我叫斗牛犬,原产于英国,因早期作为斗犬而得名。直到1835年,英国禁止斗牛运动,我才被当作宠物饲养。别看我外表凶恶,其实我的内心十分温柔。

住。"洋洋幻想着走在夏绿林中，松鼠在身旁的树上来回跳动，各种鸟儿的鸣叫声此起彼伏。

"那可不！啮齿类、鸟类，以及狐狸、狼和熊等，都是夏绿林中的消费者。"陆陆肯定地说。

一听到狼和熊，洋洋立刻从幻想中回到了现实，连忙说："那还是不要随便进入夏绿林比较好。"

小伙伴们看到洋洋的样子都忍不住笑了起来。

"快到中午了，我要赶紧把温带海洋性气候的资料找全，等会还要做成报告发送给地球居民呢！"天天说。

"好啦，我们就不打扰你了。"其他几位少年又各自坐回到自己的位置上，继续阅读起来。

 报告

温带海洋性气候主要分布在南北纬40°～60°的大陆西岸。

气候特征：既无寒冬又无酷暑，全年温暖湿润，各月的降水量也比较平均。

影响因素：主要受西风的影响，因为它所在的区域常年盛吹偏西风，风从海的西面吹来，遇上沿岸的暖流，使得西风温暖湿润，降水颇多。

动植物特性：植被类型是温带落叶阔叶林，典型特征是叶片薄，春季发芽长叶，夏季叶子变绿，秋冬落叶；代表动物有啮齿类、鸟类，以及狐狸、狼、熊等。

对生产活动的影响：温带海洋性气候因为日照不足，所以并不适合种植粮食，但是温暖湿润的气候却非常适合牧草生长，所以当地的畜牧业非常发达。

地球居民的回复简讯

气候是一种最复杂的自然现象，在地理要素中非常活跃。气候条件不仅决定着土壤、植被类型的形成，改变着地表形态，也影响着人类的活动。

温带季风气候的双重奏

"哈尔滨冬天的冰雪世界真是太美了!"刚从哈尔滨冰雪大世界游玩回来的少年们纷纷感叹。

"就是温度太低了,空气又干又冷,我都快被冻成冰雕了。"陆陆说着还不忘打了个寒战。

文文回想着在哈尔滨感受到的风土人情说:"气温确实冷,不过东北人的热情让我心里暖暖的。"

天天说:"哈尔滨属于温带季风气候,是亚洲独有的气候类型呢!"

温带季风气候的分布

陆陆打开超级电脑,指着电脑上的地图说:"还真是,气候分布图显示这种气候**主要分布在北半球中纬度大陆东岸**。比如北京、平壤、札幌等城市都属于温带季风气候。"

洋洋说:"这种气候类型我知道,特征就是四季分明,夏季高温多雨,冬季寒冷干燥,冬季的平均气温都低于0℃,最低气温可达零下二三十摄氏度呢!"

"那你能说说原因吗?"陆陆笑着问道。

"又想考我?"洋洋得意地说,"那你这回可要输了,我可是有好好了解过的。**温带季风气候的成因主要还是受海陆热力性质差异的影响,冬季大陆温度低,海洋温度高,风从陆地吹向海洋,所以气候寒冷干燥;夏季陆地温度高,海洋温度低,风从海洋吹向陆地,带来大量水汽,所以高温多雨。**"

文文听了洋洋的回答说:"这样看来亚热带季风气候和温带季风气候的气候特征是类

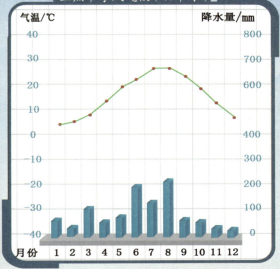

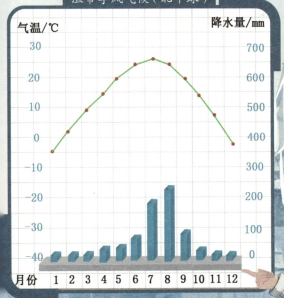

亚热带季风气候的雨季比温带季风气候雨季长,最冷月均温也高于温带季风气候。

似的呢,要怎么区分两者呢?"

"虽然这两种气候类型都是夏季高温多雨,冬季干燥少雨,但还是很好区分的。"天天让陆陆把两种气候的气温曲线图和降水柱状图放在一起对比,少年们一眼就看出了两种气候类型的不同。

"亚热带季风气候与温带季风气候的雨季长短不同。"洋洋说,"前者比后者的雨季要长。"

"我也看出来了。"文文指着图说,"两者最冷月的均温也有区别,亚热带季风气候在0℃以上,温带季风气候则在0℃以下。"

"文文说得没错。"天天总结道,"因此,虽然两种气候冬天都是干燥少雨,但是亚热带季风气候温度更高一些。"

温带季风气候常见的气候灾害

天天接着说道:"别看温带季风气候四季分明,但是除了秋天秋高气爽,景色宜人,其他季节均有灾害性天气,比如冬春的寒潮,夏季的雷雨、冰雹等。"

"寒潮?"洋洋问道,"就是从北极吹来的冷空气?"

"寒潮是来自高纬度地区的寒冷空气。"天天赶紧解释,"不过,不是所有的冷空气都是寒潮,只有冷空气南侵达到一定标准的才称为寒潮。"

"什么标准?"大家来了兴趣。

天天回答:"**受寒冷空气侵袭的地区在48小时内,降温超过10℃,日最低温度不高于4℃才能算是寒潮天气。寒潮天气会带来雪灾、霜冻等灾害,对人们的生活和健康都有很大的影响。因此,寒潮天气属于灾害性天气。**"

▲ 根据降温能力不同,冷空气的称呼也不同,分别为弱冷空气、较强冷空气、强冷空气、寒潮。

"那夏季的雷雨、冰雹呢?"洋洋继续追问。

"这个嘛,就跟强对流空气有关。一般伴随雷雨和冰雹的还有大风,这是因为南下的冷空气和潮湿的空气发生碰撞会产生强烈的垂直运动,导致强对流天气,从而出现冰雹雷雨现象,也都属于灾害性天气。"

"那我接着说说这种气候下的动植物类型吧。"陆陆说,"温带季风气候植被类

小贴士

北方草原牧民口中的"白灾"是因大雪深积而造成的雪灾;而"黑灾"是指因为冬季少雪或无雪而造成的旱灾。

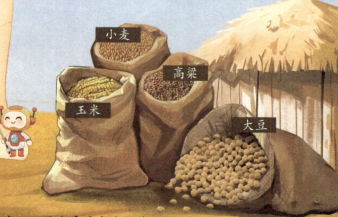

第X件宝物的自白

我是西伯利亚高压,也叫亚洲高压,是冬季最寒冷的蒙古-西伯利亚地区大气冷却收缩下沉,从而形成的北半球覆盖面最广的高压。当我南下时,就成了你们口中的西伯利亚寒流。

型与温带海洋性气候相似，都以落叶阔叶林为主，主要树种是栎、山毛榉、槭（qì）、梣（chén）、椴（duàn）、桦等。它们具有比较宽薄的叶片，夏季茂盛，冬季落叶，又称'夏绿林'。雨热同期，土地肥沃，有利于农作物的生长，比如东北地区一直被誉为中国的粮仓。森林里的消费者动物有松鼠、狐、狼、熊以及鸟类等。"

天天补充道："这里虽然有利于农作物生长，但是因为季风具有不稳定性，所以有时会出现旱涝灾害。"

文文双手合十，"真希望年年都是风调雨顺，农民伯伯收获满满。"

"好啦，"洋洋拍了拍文文的肩膀说，"既然大家在哈尔滨玩得都很开心，那么我们顺便就把温带季风气候的资料整理一下，做成报告吧！"

报告

分布：温带季风气候主要分布在北半球中纬度大陆东岸。

气候特征：四季分明，夏季高温多雨，冬季寒冷干燥。

影响因素：主要是受海陆热力性质差异的影响。

动植物特性：植被以落叶阔叶林为主，夏季茂盛，冬季落叶，又称"夏绿林"；动物一般体形较大，有狐狸、狼、熊等。

对生产活动的影响：这里雨热同期，而且基本是棕壤和黑壤，土地肥沃，有利于农作物的生长。

 地球居民的回复简讯

保护好环境，让自然灾害少一些。

深居内陆，远隔山海

"美丽的草原我的家，风吹绿草遍地花……"

"这是什么歌啊？我怎么没有听过。"从宿舍来到基地大厅的洋洋听到歌声后疑惑良久。

"今天的歌怎么换了？"刚一进门的陆陆和天天也问向洋洋。

三人面面相觑，不知原因。

"奇怪，今天怎么放《美丽的草原我的家》这首歌了？"文文边听着歌边走进大厅。

炎黄问大家："今天的经典老歌系列还不错吧？"

"原来是你放的啊！"少年们七嘴八舌地说，"你不是喜欢电子音乐类型的曲风吗？"

炎黄说："我最近在录入不同时期的音

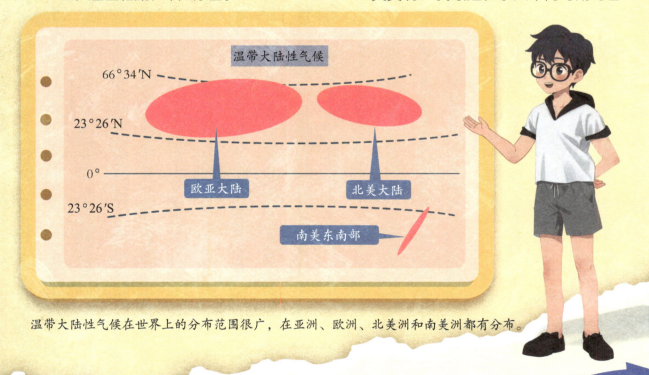

温带大陆性气候在世界上的分布范围很广，在亚洲、欧洲、北美洲和南美洲都有分布。

温带沙漠　温带草原

乐类型时,突然听到这首歌,就觉得心情舒畅,想象中的画面也十分优美,就放出来给大家听听。"

"这首歌是我爸爸妈妈那个年代传唱的歌曲,歌颂内蒙古大草原的美丽景色。"文文告诉大家。

"内蒙古大草原可是典型的温带草原气候。"天天不假思索地说,"温带草原气候是温带大陆性气候的一种。"

"天天,你这也太敬业了吧!听首歌都能和气候类型联系上,实在是佩服!"陆陆抱着拳,调皮地说。

"嘿嘿,职业习惯。"天天有些害羞。

文文提议道:"正好温带气候类型探索任务还剩下最后一种气候类型——温带大陆性气候还没搜集资料,择日不如撞日,我们今天就去看一看温带大陆性气候都有哪些特性吧!"

温带大陆性气候的分布

几人跟随炎黄来到控制室,天天打开超级电脑,说:"我们先来看看温带大陆性气候的基本情况吧!**它主要分布在南、北纬40°～60°的欧亚大陆和北美大陆内陆地区以及南美东南部。典型城市有乌鲁木齐、莫斯科、华沙、芝加哥等。**"

"我看气候分布图上温带大陆性气候除了温带,还分布在亚寒带,这说明咱们说的温带大陆性气候是广义上的温带吧?"文文回想了一下又说,"我记得咱们之前说过广义的温带包括亚热带和亚寒带。"

"好记性!"陆陆说,"广义上温带大陆性气候包括温带沙漠气候、温带草原气候、温带森林气候及亚寒带针叶林气候,分布很广。狭义上的温带大陆性气候不包括亚寒带针叶林气候。"

温带森林

亚寒带针叶林

温带大陆性气候的气候特征

天天将地图放大说:"从地图上我们可以看到温带大陆性气候区深居内陆,远离海洋,又加上地形阻挡,位于背风侧,所以终年受大陆气团控制,降水稀少。冬季时,大陆内部为高气压中心,所以气温极低,最低温度可达零下73℃,夏季为低气压中心,所以气温高,南部最高可达33℃。由此可见年温差较大,气候呈极端大陆性。"

"这里的气温太极端了。"洋洋说道。

天天说:"不仅是年温差大,日温差也比较大,达到了10℃以上。"

"看来这就是吐鲁番'早穿皮袄午穿纱,围着火炉吃西瓜'的原因。"文文笑着说。

其他小伙伴也都笑了。

"不止如此,"天天继续道,"温带大陆性气候区的降水量更是与众不同,有的地方年降水量仅仅个位数,比如美国的死亡谷国家公园曾有一年一滴雨都没有下过,但同样属于温带大陆性气候的美国纽约同年的年降水量就达到1000毫米左右。除了极端地区,其他地区年降水量在200毫米到600毫米之间,不过降水都集中在夏季,冬季是又冷又干燥。"

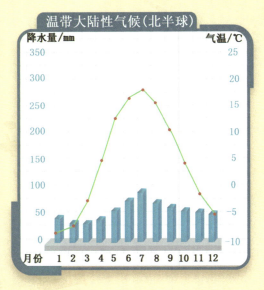

温带大陆性气候冬季漫长寒冷,夏季短暂炎热。

温带大陆性气候区的植被类型

陆陆补充道:"而且越靠近大陆中心就越干旱,植被的类型也比较复杂,主要是落叶阔叶林,除此之外,还有针叶林、草原和灌丛。针叶林一般在高纬度地区,植物具有耐寒、耐阴的特性,比如松科的冷杉、云杉,柏科的侧柏等;草原一般位于温带和寒温带,植被类型以具有一定的耐寒和耐旱性的禾本科牧草植物为主;灌丛一般在荒漠的边缘,这些灌丛不仅耐热耐旱,还有超强的耐盐碱的能力。比如中国最大的沙漠——塔克拉玛干沙漠,处于欧亚大陆的中心,年降水量最低仅仅5毫米,这里的植被有柽柳、梭梭、骆驼刺等。"

文文说:"由此可见温带大陆性气候自然植被由南向北,从温带荒漠、温带草原,过渡到亚寒带针叶林。"

"怎么没有听你们说到温带森林?"洋洋问。

陆陆说:"温带森林带是温带草原向亚寒带针叶林的过渡带,植被类型丰富,植被层次较多。除了以高大的落叶阔叶乔木层为主,又有矮小的幼树、灌木层,还有草本和爬藤层以及地衣苔藓层。"

温带荒漠（梭梭、骆驼刺）

温带草原（禾草植物）

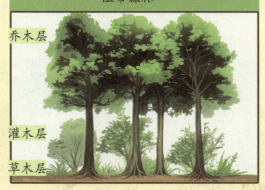

温带森林（乔木层、灌木层、草木层）

亚寒带针叶林（云杉、冷杉、侧柏）

温带沙漠气候区的动物

洋洋笑着说:"一提到沙漠,我就想起骆驼了,温带沙漠地区的代表动物一定有它!"

陆陆夸张地说:"这是连幼儿园的小朋友都知道的常识好吧!**温带沙漠的常见动物不光有双峰驼,还有子午沙鼠;温带草原的代表动物则是黄羊和旱獭;温带森林的动物种类就十分丰富了,有各种鸟类、蛇类以及哺乳动物。**"

天天望向洋洋说:"你是提到沙漠想起

亚寒带针叶林代表动物

驯鹿 紫貂

了骆驼,我是提到针叶林就想起了驯鹿和紫貂。"

文文说:"你们俩想到的都是动物,我是由温带沙漠想到了新疆吐鲁番的灌溉设施——坎儿井。"

天天说:"温带沙漠极度缺水,解决用水问题是重中之重。于是,智慧的人们便

温带沙漠代表动物

双峰驼 子午沙鼠

温带草原代表动物

黄羊 旱獭

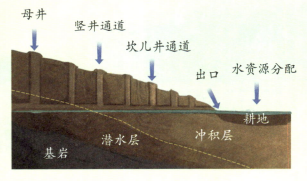

▲ 坎儿井是将春夏季节渗入地下的大量雨水、冰川及积雪融水,利用山体的自然坡度,引出地表进行灌溉,以满足沙漠地区的生产生活用水需求。

第X件宝物的自白

我是加拿大首都渥太华,因为我每年大约有8个月的夜晚温度都在零度以下,所以我被称为严寒之都。

小贴士
我国西北地区的河套平原、宁夏平原和河西走廊被称为我国的三大灌溉农业区。

利用坎儿井引出地下水，解决当地的用水问题。"

温带沙漠气候区的发展

"唉，像我国西北这种干旱半干旱地区太缺水了。"洋洋感叹道。

陆陆笑着说："这种地区也有好处的，比较适合种植业和畜牧业，比如吐鲁番的哈密瓜、和田红枣、库尔勒的香梨都因为光照热量充足，所以营养物质充足，品质好。而与新疆塔里木盆地在同一纬度的欧洲和美国的五大湖地区因为降水多，气候湿冷，适合牧草生长，因此适合发展乳畜业。欧洲西部乳畜业机械化程度较高，还有专门的自动化挤奶设备。"

文文感叹道："越来越觉得人类真是太伟大了，再恶劣的环境也可以找到最恰当的生活方式。"

"对于宇宙来说人是渺小的，但在生存面前人人都是勇士。"天天说。

"好啦，谁想来一次跨越欧亚大陆的温带大陆性气候探险之旅？"陆陆故作镇定地说。

"我们都想！"

"好嘞，我先把刚才聊到的温带大陆性气候的资料整理好，做成报告发送给地球居民，之后就去和博士申请！"

 报告

温带大陆性气候包括温带沙漠气候、温带草原气候、温带森林气候及亚寒带针叶林气候，主要分布在南北纬40°～60°的欧亚大陆，北美大陆内陆地区。

因地处内陆，离海洋较远，常年受大陆气团控制，降水稀少，冬冷夏热，年温差大，日温差大，气候呈极端大陆性。

 地球居民的回复简讯

虽然沙漠有它的独特之美，但是我们依旧希望多植树造林，减少沙漠化的蔓延。

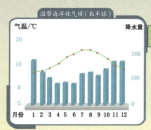

气候特征: 既无寒冬又无酷暑，全年温和湿润，各月的降水量也比较平均

分布: 主要分布在南北纬40°～60°的大陆西岸

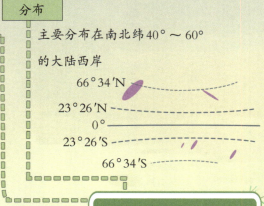

影响因素: 主要受西风的影响

温带海洋性气候

动植物特性: 植被类型是温带落叶阔叶林，典型特征是叶片薄，春季发芽长叶，夏季叶子变绿，秋冬落叶；代表动物有啮齿类、鸟类，以及狐狸、狼、熊等

温带气候 思维导图

对生产活动的影响: 光照不足，不适合发展农业，畜牧业比较发达

对生产活动的影响: 干旱半干旱地区适合种植业和畜牧业，欧洲和美国的五大湖地区因为降水多，气候湿冷，有利于牧草生长，因此适合发展乳畜业

温带季风气候

分布：主要分布在北半球中纬度的大陆东岸

气候特征：四季分明，夏季高温多雨，冬季寒冷干燥

影响因素：主要受海陆热力性质差异的影响

动植物特性：植被以落叶阔叶林为主，夏季茂盛，冬季落叶，即夏绿林；动物一般体形较大，有狐狸、狼、熊等

对生产活动的影响：雨热同期，土地肥沃，有利于农作物的生长

温带大陆性气候

分布：主要分布在南、北纬40°～60°的欧亚大陆和北美大陆的内陆地区以及南美东南部

气候特征：降水稀少，冬冷夏热，年温差大，日温差大，气候呈极端大陆性

影响因素：主要受大陆气团控制

动植物特性：植被的类型比较复杂，主要是落叶阔叶林，除此之外，还有针叶林、草原和灌丛。温带荒漠的代表动物是双峰驼和子午沙鼠，温带草原的代表动物则是黄羊和旱獭

Climate and Environment

人烟稀少的高寒地带

高处不胜寒的气候类型

之前少年们讨论过哪种气候类型最适宜人类居住，少年们最后都支持亚热带气候。当少年们在选择最不适宜人类居住的气候类型时，大家竟然共同选择了寒带气候和高原山地气候。他们一致认为高寒地带最不适合人类居住活动。

为什么寒带气候和高原山地气候不适合人类居住呢？

少年们分别从寒带气候及高原山地气候的共性和个性出发，给出了他们的答案：首先，寒带气候和高原山地气候的共同特点就是全年寒冷。寒带因纬度高，终年太阳辐射相对较少，所以气候寒冷。虽然高原山地气候区分布较广，除了寒带，热带、亚热带、温带都有分布，但是高海拔使其温度较低。

再从个性来看，寒带气候区除了终年寒冷，还有极昼极夜的特点，也就是说，寒带气候区一年中有一段时间是完全黑暗的，而另一段时间则是全天阳光明媚。虽然寒带气候区的动植物适应了这种极端的光照条件，但是人类却很难适应。试想一下，人类在这种极端的天气现象下该如何活动？

然后是高原山地气候，这种气候区的

特点是高寒、低氧和强烈的日照。因为海拔较高，气温和气压较低，氧气含量也较低。在这样的环境下，动植物都需要具备一定的适应性。因此只有从小在此生活的人才能适应这里，外来人员普遍难以适应。

文文说："虽然寒带和高原山地气候区不适合人类居住，但是却造就了独有的绝美风光。比如，寒带气候区的极光、冰川等景观，高原山地气候区的雪山、草甸等，让人流连忘返。"

"说得对。"天天总结道，"这两种气候区虽然环境恶劣，但都有一定的旅游价值。不过，由于气候严寒、环境特殊，前往这些地区旅游需要做好充分的准备。"

欢迎来到冰雪世界

少年们坐在一起观看《消失的极地猎人》——因纽特人的纪录片。

当文文看到动情之处时,感慨地说:"他们可真厉害!北极圈内气候极度恶劣,因纽特人凭借他们的团结和智慧,在极地繁衍生息。"

寒带气候的分布及类型

"确实。"天天说,"南、北极圈内都属于寒带气候,也叫极地气候,主要由极地冰原气候和极地苔原气候组成,比高原山地气候还要冷得彻底。**极地冰原气候主要分布在南极大陆和北冰洋的一些岛屿上,极地苔原气候则主要分布在欧亚大陆和北美大陆的北部边缘地带。**"

"咱们要不来一次极地之旅怎么样?"陆陆怂恿道。

"有些危险呢!"文文说,"要知道南极是暴风雪的故乡,南极考察队员中流传一句话,'南极的冷不一定能冻死人,但南极的风能杀人'。"

"你不要说得那么吓人好不好,去不了南极我们去北极嘛!"陆陆改变了策略。

"正好搜集气候资料的任务中还有寒带气候和高原山地气候没有完成。"天天双眼放光,"如果你们真的想去,我们明天就能出发。"

"好耶!"陆陆兴奋极了。

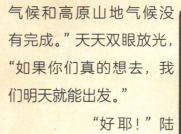

寒带气候的分布

极地冰原气候
极地苔原气候

66°34′N

23°26′N

0°

23°26′S

66°34′S

"我们从哪里开始探索呢?"文文既害怕又兴奋。

极地苔原气候的分布及特征

"先从极地苔原气候开始。"天天说,"极地苔原气候主要分布在北半球的北美洲和欧亚大陆的北部边缘、格陵兰岛沿海和北冰洋的若干岛屿中,南半球很少,仅仅出现在南美洲最南端的马尔维纳斯群岛(英称福克兰群岛)、南乔治亚群岛和南奥克尼群岛。那我们就先从格陵兰岛开始。"

"好的,现在是夏季,格陵兰岛的气温不知道怎么样?"洋洋说,"我们看看当地的温度吧,好准备衣服和装备。"

天天介绍道:"极地苔原气候区受到北极气团和极地东风带的影响,冬季寒冷且漫长,夏季虽然温度有所升高,但仍然寒冷。全年平均温度在0℃以下,年降水量在250毫米以下,大部分降水是雪,部分冰雪夏季能短期融解。因为温度低,有人就戏称这里只有两个季节——冬季和大约在冬季。"

"哈哈哈。"陆陆忍不住笑了起来,"这个说法太贴切了。"

极地苔原气候区的自然资源

第二天,少年们请示了林非博士,在得到博士的许可后,他们在炎黄的陪同下,开始了极地探险之旅。

虽然是夏季,格陵兰岛的最热月平均温度也是低于10℃。大家到达的地区是格陵兰岛的西海岸南部地区,因受西格陵兰岛暖流影响,气温略微升高,气候较为温和,冰盖很少,大多是永冻层。在夏季,永冻层表面融化,但是底层的永冻层不仅会阻止植物吸收营养,而且阻碍水分下渗,因此在地面积水,形成沼泽。在这样的自然条件下,高大的树木难以生长,植被以苔藓和地衣为主,因此被称为极地苔原。

洋洋在收集极地苔原植物的时候,指着一片夹杂着草本植物的灌木丛说:"极地苔原气候区的植物也不光是紧贴地面的苔藓和地衣呀!"

"是的。还有一些常绿多年生植物,比如北极柳。"陆陆说,"因为气候寒冷,每年只有短暂的夏季适合植物生长,一旦冬季来临,植物就会停止生长,直到第二年暖和后再开始生长,有些植物的生长周期甚至需要好几年。所以这里的植物多为常绿,这样能够避免因为要生长新叶而浪费营养。"

极地苔原气候区是格陵兰岛最适宜居住的地方

夏季极地苔原上的积雪融化

"我好像看到了一片花海。"文文激动地指给同伴们看。

炎黄扫描了一下说:"确实是一片花海。"

大家朝着文文指的方向跑去,都被眼前的美景惊呆了。

洋洋惊讶地说:"哇,原来在**极地苔原地区**也能看到这么美的花海啊!"

陆陆笑着回答:"当然,这里可是**有几百种开花植物呢,而且颜色鲜艳**。比如仙女木、北极番红花、北极羽扇豆、北极罂粟、四棱岩须草等。"

"不仅是植物,"天天说道:"这里还有很多独有的动物,除了北极熊、北极狐和驯鹿,还有一种叫北极燕鸥的鸟,它是夏天的追逐者。每当冬天来临,北极地区的食物变得稀缺,北极燕鸥就会开始漫长的迁徙之旅,穿过整个地球,飞达南极。夏季,又从南极飞到北极繁殖。**北极燕鸥每年需要飞行40000多千米,被称为世界上迁徙距离最长的动物**。这种坚韧不拔的精神,使得北极燕鸥成为北极的象征之一。"

北极燕鸥

北极柳:贴地生长,枝条每年只能增长1~5毫米

仙女木

北极番红花

北极羽扇豆

四棱岩须草

北极罂粟

极地冰原气候

"极地气候也没有我想象的那样恶劣呢！"洋洋一边收集植物样本，一边说。

"那是因为我们在格陵兰岛气候最为怡人的地方，"天天把搜集到的资料存储到电脑里，"下一站你就能感受到极地气候的冷酷了。"

"下一站？我们是要到北极圈的中心区域——北冰洋探究极地冰原气候吗？"洋洋询问道。

天天连忙否定："不不不，我们在格陵兰岛就能探究极地冰原气候。格陵兰岛不仅是世界上最大的岛屿，也是大部分面积（约84.7%）被冰雪覆盖的岛屿。其深受北冰洋寒流和极地东风影响，岛屿内陆覆盖着巨大冰盖，为严寒的极地冰原气候。"

"那我们还等什么？"陆陆急切地说，"极地苔原气候的资料都搜集完毕了，咱们赶紧去极地冰原气候区一探究竟吧！我等不及要去看北极熊、麝牛、驯鹿还有海象等北极地区的动物了。"

"不知道能不能在那里看到极昼的现象，或者能看到极光也行。"文文幻想道。

"咱们恐怕看不到极光了，因为极光通常在秋冬季节的南、北极附近出现。不过，"天天说，"当太阳直射点在北回归线时，即夏至时，北半球的极昼范围达到最大值，然后极昼范围逐渐缩小。现在已经过了夏至，我们虽然看不到24小时都是白天的现象，但是至少大部分时间都是白昼。"

格陵兰岛

海象

北极熊

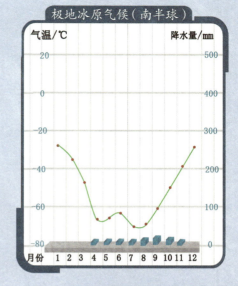

南半球极地冰原气候的气温及降水情况

极昼是指一天24小时都是白天，极夜则是指一天24小时都是黑夜。极昼极夜只会出现在南极圈和北极圈，看极昼极夜，就看太阳直射点在哪个半球——太阳直射点在北半球时，北半球是极昼，南半球是极夜；直射点在南半球时，南半球是极昼，北半球是极夜。

大家穿上了最厚的衣物，乘坐飞鹰号，前往格陵兰岛的极地冰原气候区。在极地苔原气候区还能看到许多植物，但是在极地冰原气候区，看到的几乎全是冰雪。从飞鹰号上俯瞰陆地，几乎白茫茫一片，洋洋提醒大家戴好墨镜，以防得雪盲症。

"这也太冷了吧。"文文刚下飞鹰号，就被扑面而来的寒意击中了。

"现在见识到极地冰原气候的冷酷了吧。"陆陆吸了吸快要流出的鼻涕说，"**极地冰原气候的平均气温在0℃以下，最低气温可达零下88℃，泼水成冰。**"

"这样看来极地冰原气候区比极地苔原气候区温度还要低。"文文说道。

"是的。"天天点点头，"**极地冰原气候区是全球最冷的地区，全年降水极少，内陆地区年降水量甚至不足5毫米，而且每年降水基本是干雪，长期积累就变成了冰原。这里的冰盖最厚可达4000多米。因为气候过于恶劣，所以这里几乎没有植物生长。**"

驯鹿

麝牛

南极为什么比北极冷

"这里和南极比还算好的,"洋洋补充道,"南极被称为'世界风极',长年大风夹雪,能见度低,而且温度比北极地区还要低。"

文文说:"南、北极都处于地球两端,因为纬度高,日照时间短,所以形成了极地气候,但是为什么南极会比北极更冷呢?"

"这个原因嘛,是多方面的。"天天解释道,"**首先就是海陆热力差异。北极地区的主体是海洋,而南极地区的主体是大陆**,之前我们也说过,大陆比海洋升温快,降温也快,即储藏热量的能力比较弱,再加上日照时间短,获得的热量本来就少,流失的热量又多,自然更冷。其次是海拔高度的影响,南极洲是世界上平均海拔最高的大陆,而我们知道海拔每升高1千米,气温就会下降6℃,由此南极会比北极更冷。除了这两个因素,还有地形、环流、地球形状等各种因素的影响,使得南极的温度比北极要低。"

▲ 北极和南极地形对比

南极的动物

"虽然南极很冷,却是一些鸟类和海洋哺乳动物的天堂。"陆陆说,"企鹅、海豹、海狮、鲸鱼等动物都具有适应南极环境的特性,它们具有厚厚的脂肪或皮毛可以抵御严

小贴士

强光环境下,雪地对紫外线的反射量可增强5%~6%。如果大量紫外线进入眼睛,将损害角膜和结膜,造成急性光源性炎症,即雪盲症。

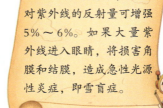

第X件宝物的自白

我是中国南极长城站,是中国在南极建立的第一个科学考察站。南极大陆从此有了中国人忙碌的身影,中华民族南极科考的壮丽篇章就此开启。

寒。而且，冰盖上的一些动物会在寒冷的冬季聚集在一起，共同抵御严寒。"说完，陆陆向身边的伙伴们跟前凑了凑。

"我们挤在一起不会暖和的，还是走起来吧！"天天看着大家说。

于是几人拿着导航仪和望远镜开始了艰难的冰原探险。当大家再次回到飞鹰号上时，每个人都累得瘫倒在座椅上。

"我终于理解极地科考人员的艰辛了！"陆陆上气不接下气地说，"本来我还想去南极的，可是光是格陵兰岛就把我给累趴下了。"

"那你以后还想去南极吗？"天天小声地问道。

"那当然了！"不知道陆陆又从哪儿来的力气，高声喊道，"全球气候变暖，使得南极的冰雪逐渐融化，我们肯定要去南极考察，呼吁人类保护这片净土。"

其他三位小伙伴相互看了看彼此，微笑着点了点头。炎黄则默默地将搜集到的寒带气候资料做成报告发送给了地球居民。

 企鹅
 海狮
 海豹
 鲸鱼

报告

寒带气候又被称为极地气候，主要包括极地苔原气候和极地冰原气候两种类型。极地苔原气候主要分布在北半球的北美洲和欧亚大陆的北部边缘、格陵兰岛沿海和北冰洋的若干岛屿中，植被类型以苔藓、地衣为主，还有一些常绿多年生植物；极地冰原气候主要分布在南极大陆和北冰洋的一些岛屿上，因气候条件恶劣，陆地被冰盖终年覆盖，少见植被，动物以具有丰富脂肪、厚实毛皮的哺乳动物和鸟类为主。

地球居民的回复简讯

绿色出行，减少温室气体排放，保护好冰川和雪山。

离天空最近的地方

从格陵兰岛回来后,少年们尽情感受夏日阳光的热烈,他们像是要把在格陵兰岛那几天缺失的热量补回来似的,排成一排站在日光下,享受阳光的沐浴。

"难道人类也要光合作用吗?"炎黄看着少年们一脸好奇。

林非博士看着孩子们,不由得笑出了声:"哈哈哈,你们这样在阳光下暴晒会被紫外线灼伤的。晒半小时就差不多了。"

少年们听到林非博士的话后,才意识到紫外线的威力,纷纷向室内跑去。

大家坐在基地大厅,喝着清凉解暑的西瓜汁,纷纷感叹:"热一点总比冷得发抖强。"

刚过去两天,少年们又开始叫嚷着夏天实在太热了。

林非博士见时机成熟,对少年们说:"那我给你们分配个任务,既能解暑,又能感受异域风情,怎么样?"

少年们一听还有这等好事,纷纷同意。

高原山地气候区的地理条件

原来林非博士是要少年们去青藏高原地区搜集高原山地气候的资料。在去之前,大家先对青藏高原做了简单的了解:**青藏高原平均海拔在4000米以上,是世界上最高大的高原,被誉为"世界屋脊",有着"地球第三极"之称。它由一系列东西向或南北向高大山脉组成,地理学家称它为"山原"。全世界海拔超过8000米的高峰有14座,其中有10座集中在青藏高原。北坡在青藏高原境内的珠穆朗玛峰就在其中,珠峰岩面高程为8848.86米,是世界最高峰。**

本次探索,天天带队,除了衣服,大

盆地

平原

家带得最多的是便携式氧气瓶。白天他们驾驶着飞鹰号,飞越地球表面最为崎岖的地貌——青藏高原,俯瞰辽阔的大地,继而又乘坐甲壳虫号翻越高山峡谷,进入荒原、林地;晚上他们则安静下来整理白天搜集到的数据。

陆陆在电脑上敲出一段文字:"高原山地气候是高原气候和山地气候的总称,指的是受高度和山脉地形的影响所形成的一种地方气候。主要分布在海拔超过3500米的高大山地和高原地区,如青藏高原、喜马拉雅山、南美洲安第斯山等。"

> 高原地形多表现为"高而平",高原通常是指海拔在1000米以上,上方平坦开阔,周边以明显的陡坡为界,比较完整的大面积隆起区域。
>
> 山地是地势更为陡峭的区域,海拔在500米以上,根据海拔不同可以分为低山、中山、高山和超高山等。山地多呈脉状分布,称为"山脉",多列成因相同的山脉组成"山系"。

高原山地气候的主要分布

高原山地气候的气候特征

洋洋看了看电脑上的内容，说："我们只是探索了青藏高原地区的气候，全球这么多高原和山地，难道所有地区的高原山地气候的特征都一样？"

陆陆看了一下洋洋，觉得这个问题太复杂，便对她说："我先把数据输入好，这个问题还是让专业的天天回答你比较好。"

天天走过来对洋洋说："你的问题很好。全球中纬度和低纬度地区的著名高原，有青藏高原、帕米尔高原、巴西高原、埃塞俄比亚高原、墨西哥高原、云贵高原等。由于它们的地理位置、海陆环境、海拔高度和高原形态上的差异，气候也各不相同。比如，中国境内的青藏高原的气候特征是辐射强烈，日照多，气温低，积温少，气温随高度和纬度的升高而降低；而云贵高原的气候特征是四季温差小，干湿分明，太阳辐射分布差异大。去过云贵地区和西藏地区的人能明显感受到两种气候的不同。不过，**不管是中低纬度哪个地区的高原，它们的共同气候特征是气温低、日温差较大，热量和气候垂直变化明显**。而且这也是山地气候的特征。"

"我明白了。"洋洋说，"高原气候和山地气候受不同因素的影响有所差异，但总体气候特征相似。"

高原山地气候的主要成因

陆陆把电脑一关，伸了伸懒腰说："寒带气候区气温低的主要原因是纬度高，而高原山地气候区寒冷是因为高海拔，地形是高原山地气候的主要成因。因为**海拔高，大气压力较低，使得气温急剧下降**；海拔每增

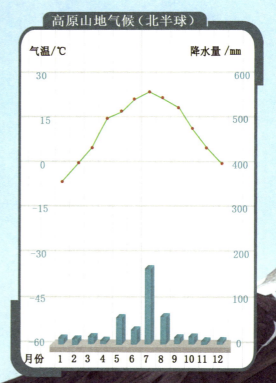

▲ 高原山地气候（北半球）温度及降水情况

加1千米，温度就会下降6℃，因此高原山地气候垂直变化显著。海拔较低处，冬无严寒，夏无酷暑，终年降水稀少；海拔较高处，全年寒冷，降水稀少。除了海拔，山脉走向和坡向也使山脉两侧的气温产生差异，并导致不同的气候现象：阳坡气温高，变化大，阴坡气温低，变化小；迎风坡降水多，雪线低，背风坡降水少，雪线高。"

▲ 风迎着斜坡向上吹的一面为迎风坡，迎风坡的暖湿气流遇到山脉等高地的阻挡时，被迫抬升降温而形成降水，即地形雨。背风的一面，即背风坡，气流下沉，温度升高，难以成云致雨，因此降水较少。

阳坡的光照更加充足，因此同样的海拔时，植被比阴坡更加茂盛，或者说，同一类植被分布的海拔更高。▶

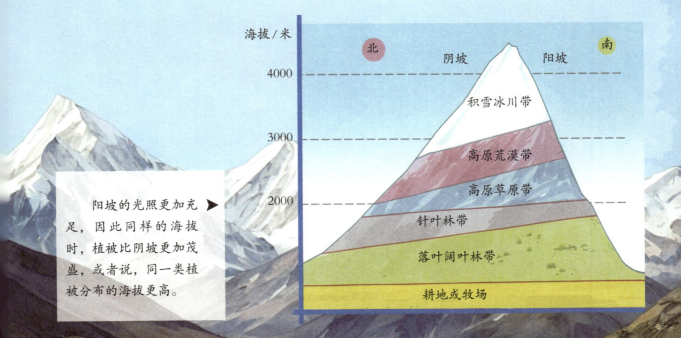

高原山地气候区的植被类型

"我之前一直觉得纬度是影响气候最主要的因素,没想到地形地势也会对气候产生那么大的影响!"洋洋听后感叹道。

"说说我比较拿手的吧。"陆陆从文文手中接过这几日搜集到的高原山地气候区的植被类型及分布后,告诉大家,"**由于高原山地气候的特殊性,这里的植被主要由耐寒、耐旱与适应冰雪的植物组成垂直分布的植物群落。**"

天天说:"陆陆,你按照海拔由低到高,来给我们介绍一下高原山地气候区都有哪些主要的植被类型吧。"

"以喜马拉雅山脉的阳坡为例。"陆陆说,"海拔1000米以下的低山丘陵以裟(suō)罗双树季雨林为主,植被类型为次赤道雨林;1000～2000米是山地常绿亚热带森林,其中2000米以下以印度栲、木荷为主;2000～3000米是山地落叶阔叶林与针叶混交林地带,主要有铁杉和高山栎;3000～4000米是冷杉亚高山针叶林带;4000～5000米为亚高山草甸,以嵩(sōng)草、冰川苔草、高山草甸为主,较低位置还分布有杜鹃、山柳等高山灌丛;由此再到雪线是由地衣、苔藓与高山垫状

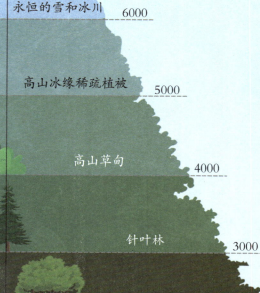

植被等组成的高山冰缘稀疏植被；雪线以上则为高山永久冰雪带，几乎没有植物生存。"

洋洋惊叹道："高原山地气候的植被类型也太丰富了吧！"

"高原山地气候不光植被类型丰富，动物也种类繁多。除了一些常见的动物种类，还有一些适应高海拔、低温度的动物，比如牦牛、藏羚羊、喜马拉雅塔尔羊、喜马拉雅蓝绵羊、雪鸡、喜马拉雅兔、喜马拉雅山鼠兔等。这些动物拥有厚实的皮毛和脂肪，以抵抗严寒和高海拔带来的生理压力。此外，许多高原动物还具有高度的耐缺氧能力，如喜马拉雅山脉的雪豹、棕熊等。"

文文总结说："在这种特殊的气候环境下，动物们有自己的生存之道。"

高原山地气候区的生产生活

陆陆继续道:"高原山地气候对人类生产活动也产生了深远的影响。首先,由于高原气候的特殊性,农业生产在这里面临着诸多挑战。例如,高原地区的农田往往需要采用特殊的耕作方式和作物选择,以适应寒冷干燥的环境。当地农民培育出了许多适应高原环境的农作物,如青稞、小麦、马铃薯等。这些作物不仅能够满足当地人民的食物需求,还为高原地区的经济发展提供了重要支撑。"

洋洋好奇地问:"那么,高原地区的工业和建筑业是如何适应这种特殊气候的呢?"

陆陆回答:"在高原山地气候条件下,工业和建筑业的发展也需要克服许多困难。首先,由于高原地区氧气含量较低,工人需要采取措施提高工作效率,同时确保安全。此外,建筑材料和设备也需要具备良好的抗风、抗紫外线和保温性能。因此,当地发展了一系列适应高原气候的工程技术,如保温建筑材料、节能环保型供暖设备等。"

青稞

小麦

马铃薯

开发新能源

第X件宝物的自白

我是雪莲,生活在海拔4000~5000米的高原山地之中,我在0摄氏度时发芽,经历5年的严寒才能开花。希望进入高原地区的你只是静静地看着我,不要把我摘下。

洋洋感慨地说："高原山地气候对生产活动的影响真是无处不在啊！"

夜晚归于寂静，陆陆和天天两人将高原山地气候的资料做成报告发送给了地球居民，他们欣赏着窗外的璀璨星河相视一笑。

高原反应

高原反应是人体对高海拔地区缺氧状况的一种生理应激反应，可分为急性和慢性。症状一般是头疼、头晕、心悸、气短，甚至呕吐、短暂性休克。

小贴士

一旦出现高原反应，应该立即休息，减少活动。有条件者可适当吸氧，并向低海拔转移。

报告

高原山地气候主要分布在海拔超过3500米的高大山地和大高原地区。

气候特征是气温低、降水少、日照时间长。影响此气候类型的因素主要是地形地势。

动植物特性：动植物种类繁多，且具有很强的适应性。植被主要由耐寒、耐旱与适应冰雪的植物组成垂直分布的植物群落；动物体形普遍较大，拥有厚实的皮毛和脂肪，以抵抗严寒和高海拔带来的生理压力。

对生产生活的影响：高原地区的农田往往需要采用特殊的耕作方式和作物选择，以适应寒冷干燥的环境。

地球居民的回复简讯

我们应该学会与自然和谐共处，保护这片美丽的家园。

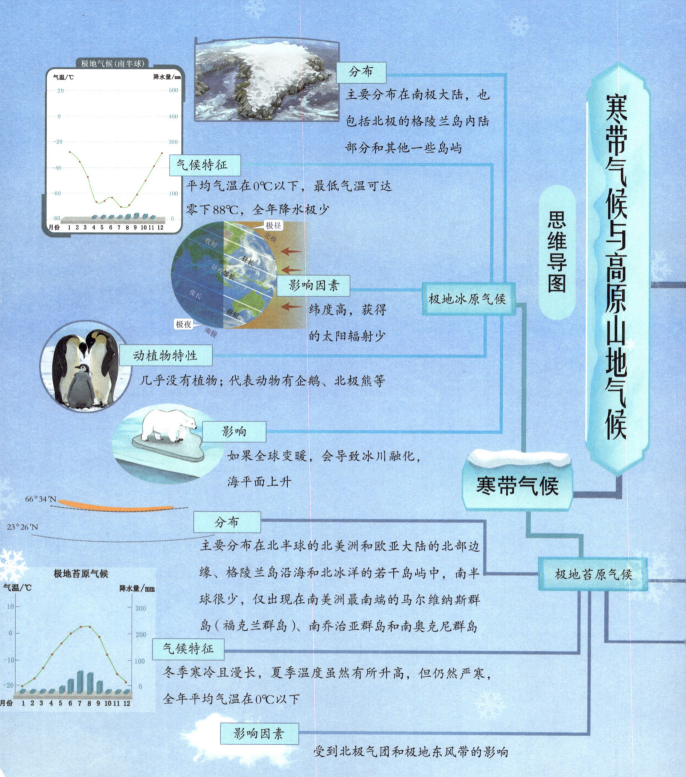

高原山地气候

- **分布**
  主要分布在海拔超过3500米的高大山地和大高原地区

- **气候特征**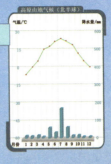
  气候寒冷，气温年温差较小，昼夜温差比较大，全年降水较少

- **影响因素**
  海拔高

- **动植物特性**
  动植物的种类繁多且具有很强的适应性。植被主要由耐寒、耐旱与适应冰雪的植物组成垂直分布的植物群落；动物体形普遍较大，拥有厚实的皮毛和脂肪，以抵抗严寒和高海拔带来的生理压力

- **对生产活动的影响**
  高原地区的农田往往需要进行特殊的耕作方式和作物选择，以适应干冷的环境

- **极地苔原的影响**
  苔原植被对土壤碳储存和生物地球化学循环具有重要意义

- **动植物特性**
  主要是苔藓和地衣，也有多年生草本植物和小灌木；代表动物是北极熊、北极狐和驯鹿等